文學叢刊

李煥明著

頤養天年

文史哲出版社印行

國家圖書館出版品預行編目資料

頤養天年 / 李煥明著. -- 初版. -- 臺北市：文史哲,民: 90
面 ； 公分. -- (文學叢刊 ; 130)
ISBN 957-549-385-0 (平裝)

1.長生法 2.健康法

411.18 90014985

文學叢刊 ⑬⓪

頤養天年

著　者：李　煥　明
出版者：文　史　哲　出　版　社
登記證字號：行政院新聞局版臺業字五三三七號
發行人：彭　正　雄
發行所：文　史　哲　出　版　社
印刷者：文　史　哲　出　版　社
臺北市羅斯福路一段七十二巷四號
郵政劃撥帳號：一六一八〇一七五
電話886-2-23511028・傳真886-2-23965656

實價新臺幣四〇〇元

中華民國九十年九月初版

ISBN 957-549-385-0

焦序

——頤養天年，並沒有什麼青春常駐的靈丹妙藥，長生不老的秘訣仙方，祇要我們能身體力行古今養生家的經驗與智慧，在日常生活中，順應自然的生活法則，遵守中庸的人生哲學，堅持溫和的運動，重視均衡的營養，厲行規律化的生活，保持樂觀的心境，你就能健康愉快的安享天年。

最近幾年，樂群養生聯誼會會長李煥明先生，勤於筆耕，陸續創作發表了多種養生保健的好書，如：《向一二〇歲挑戰》、《我們超過二千歲（當代壽星養生之道）》、《每日一首養生詩選》、《友情詩文選》、《人生快樂何處尋》等。最近，繼《現代名人與養生》之後，又推出《頤養天年》的佳構，這不僅是李會長的豐收季節，對樂群養生聯誼會的會友和社會大眾的養生保健，共享健康快樂的人生，更有卓越的貢獻。

「頤養天年」是古今中外人類的共同願望。因為它是生存發展的本能需求，是健康快樂的最大福德，更是實現美滿幸福人生最嚮往的境界。

但是，何謂「頤養天年」？、「人類天年能活多少歲？」、「為什麼大多數人不能盡其天年？」、以及「頤養天年思想的根源和達到天年的基本條件為何？」都是需要有一個清晰的瞭解，纔能領會這本《頤養天年》佳構精義之所在，也才能加以有效地運用於自我的養生保健，安享天年。

人類的自然壽命，在中國傳統的醫學與養生學文獻上，稱為天年。所謂「頤養天年」就是以一種恬淡愉悅從容中道的精神和法則，涵養天和，順天應人，幫助我們祛病強身，活到自然的壽命（天年）。

至於人類的天年能活多少歲？根據中國《黃帝內經。（素問・上古天真篇）》上說：「盡其天年，度百歲乃去」；《尚書・洪範篇》則以「一百二十歲為壽」，可見我國對天年的限度是定在一百至一百二十歲之間。

西方科學家則根據生物學的普遍規律，和動物學的實驗、「壽命係數」和「細胞分裂」等方法推算，人類的自然壽命應當活到一〇〇—一五〇歲之間。

但是，為什麼百分之九十九的人不能盡其天年呢？

根據生命科學的研究，最主要的原因是由於人類壽命受到多種因素的影響，如：先天的遺傳因素、後天的自然環境、公害、社會制度與條件、教育文化程度、心理因素、戰爭災害、醫藥衛生、疾病、貧窮落後、意外事故等，而更重要的乃是不良的生活方式與習慣，如：暴飲暴食、大量的抽煙、酗酒、吸毒、沉緬聲色、追求感官與物慾的「享受」，以及耽於名利與權勢的徵逐，以致危害健康招致病痛而縮短自己的天年。

《頤養天年》是一本資料豐富、論據精確、內容瑰麗多彩、深具養生經驗與智慧的佳構，它雖定名為「頤養天年」，但是，它的內容與主題，則是根據中國傳統養生學，介紹向古人學習養生的經驗、智慧與方法；從古人現身說法養生之道中，你可以探索到「頤養天年」養生思想的根源，和達到安享天年的基本條件，它不僅提供我們正確的養生觀念和方法，更能幫助我們創造「老而彌堅的剛健體魄」，「老而有用的豐富生命」，活得健康、快樂、長壽，安享天年。

時序已進入新世紀；新世紀高科技的發展，一日千里。尤以基因圖譜草圖初步解密，對人類生命的延長，許多現代醫藥尚無法治療的「絕症」，如癌症、老年痴呆症、愛滋病等，將獲得有效的治療。現代人以「科學」的眼光衡量，向古人學養生，可能認為「不科學」、「落伍」，但是，綜觀這本《頤養天年》所介紹的十多位古人，他們養生思想的根源，是以兩千多年前的黃帝《內經》和老莊「道法自然」養生哲學為基礎，並溶和了諸子百家的養生思想精華，構成了「順應自然」、「動靜合一」、「適中有度」、和「未病先防」一套博大精深養生學的理論體系。在達成安養天年基本條件方面，《內經》所昭示的「法於陰陽」（即順應自然法則）、「和於術數」（即溫和運動）、「飲食有節」（即營養均衡）、「起居有常」（即規律生活）、「悅愉為務」（即心境愉快）、「上醫治未病」（即預防醫學）。這些養生的理論體系指導思想和達成安享天年的基本條件與方法，無一不符合現代科學的養生保健方法。

養生之道，無分今古；頤養天年，並沒有什麼青春常駐的靈丹妙藥，長生不老的秘訣仙方，你如果能將這本《頤養天年》與李會長八十九年十月所發表的《現代名人與養生》一書合併參研，並能身體力行古今養生家經驗與智慧，在日常生活中，順應自然生活法則，遵守中庸的人生哲學、堅持溫和的運動、重視均衡的營養、厲行規律化的生活、保持樂觀愉快的心境，博古通今，你就能健康愉快的頤養天年。同時，我相信本書的推廣，對國人的健康長壽，將有重大的貢獻。

中華自然療法學會世界總會永久顧問焦金堂

中華民國九十年三月序於報恩堂

自序

──頤養天年，健康長壽。

中國養生學源遠流長，博大精深。據文獻紀載，早在西周時代，我們的祖先就開始以導引功法和飲食調養來健身益壽，成為中國養生學的萌芽時期。迨至春秋戰國時代，在老子、孔子、孟子、莊子等人的著作中，對於養生都有精闢的論述。此後歷代養生名家輩出，他們在長期的醫療實踐中，累積了豐富的養生經驗，形成了具有中華民族特色的養生學，它是我國文化遺產中的瑰寶。

健康是人生的至寶，人生最重要的是健康，健康是一切美好願望實現的先決條件，古今中外，莫不重視。聯合國世界衛生組織，曾於公元一九四六年，在憲章前言中明定健康的定義為：「健康是一種生理、心理和社會的完全安寧的狀態，不只是沒有疾病而已。」此項定義分析言之有三個要點：*1.*健康的正面意義不只是沒有疾病而已；*2.*健康的三向度包含生理的健康、心理的健康和社會的健康；*3.*一個人的生理、心理和社會的三層面，必須達到完全安寧的狀態才算是健康。此一定義富有包容性，大體上可以適應不同文化的各民族作不同的解釋。

世界衛生組織於訂定健康的定義後，又進一步訂定「健康的新標準」，主要內容為：我們要每日工作、休息和遊戲，避免過度的疲勞，每日多歡笑。我們要養成生活、思想、行為、言語和感情的良好習慣。我們要抑制有害的感情衝動，認識自己的缺點，和培養自己的長處。我們要立下明確的決斷，並堅持著它。我們徵求別人的意見來考慮事情。我們不去碰觸人生的荆棘。我們要不為困難所阻，而能自由接納一切機會。（詳見本書《健康的真諦》一文）

人人都希望長壽，隨著文明的進步，人類的壽命日益延長，延長的上限，現在尚無法預料，但以一百二十歲為準，當可作為現代人的目標，至於實際上能活多少歲，也許可依據各人的生活環境、習慣、遺傳等因素，自己預測。讀者可參考本書《你還能活幾年》一文所述方法，不妨替自己算命。

本書書名為「頤養天年」，頤養即古人養生之通稱，天年即壽命的上限，目前以一百二十歲為準。

影響現代人壽命長短的因素甚多，除了上述生活環境、習慣、遺傳及養生方法之外，尚須謹防意外事故。近年來，意外死亡人數急遽增加，成為十大死亡原因之一。意外死亡除自殺、天災、火災之外，以車禍死亡人數最多，而車禍又以開快車為最多，車禍死亡最不值得，完全出於人的錯誤行為，害人害己，不可原恕。

本書由二十篇養生論文組成，各篇獨立，讀者可隨意參閱，最後一篇為著者的養生之道，敬請參考指教。

本書書名「頤養天年」，是老友張強教授所提供，謹此申謝。

樂群養生聯誼會會長李煥明
序於公元二〇〇一年中華民國九十年八月
十五日台北市一漚齋時年八十四

頤養天年目次

焦序……一
自序……五
健康的真諦……一
中國養生學概要……一五
中國古人養生要訣……三三
中國傳統養生文摘……五一
向古人學養生……八一
一、《黃帝內經》的養生觀……八一

二、嵇康的《養生論》……八四
三、葛洪的《抱朴子》……八六
四、陶弘景的養生之道……九〇
五、梁武帝蕭衍的養生之道……九四
六、孫思邈的養生之道……九六
七、白居易的養生之道……一〇六
八、蘇東坡的養生之道……一〇九
九、陸游的養生之道……一一三
十、李笠翁的養生之道……一一八
十一、康熙皇帝的養生之道……一二七

十二、乾隆皇帝的養生之道……………………………………一三〇
十三、曾國藩的養生之道……………………………………一三二
十四、「十樂老人」高桐杆的養生之道…………………………一三八
莊子的養生處世之道……………………………………一四一
中外哲人的生死智慧……………………………………一五一
抗老與長生……………………………………一六三
誦詩養生　惠而不費……………………………………一八一
養生詠老詩鈔……………………………………一八九
養生必須除三害—不吸菸、不酗酒、不嚼檳榔……………………二〇九
如何培養幽默感……………………………………二一七

笑的魅力……………………………………………二三七
漫談友誼……………………………………………二四三
漫談登山哲學………………………………………二五五
登山的故事…………………………………………二六七
山區居民的長壽之道………………………………二八三
你還能活幾年………………………………………二八九
不老的秘訣（摘要）………………………………二九七
健康是人生的至寶…………………………………三一一

健康的真諦

一、健康是人生的至寶

人生最重要的是健康，健康是一切美好願望實現的先決條件，古今中外，莫不重視。

我國在二千多年前的先秦時代，《書經》洪範篇中就提出要追求五福，避免六災。所謂五福即「一曰壽，二曰富，三曰康寧，四曰攸（修也）好德，五曰考（老也）終命」，也就是長壽、富裕、健康、美德和善終。所謂六災即凶短折（早死）、疾（疾病）、憂（憂慮）、貧（貧困）、惡（過惡）和弱（體弱）。其中長壽和健康關係密切，要長壽必須健康，不健康的人很少能夠長壽。而六災也與健康有關，尤其早死、疾病、體弱的人都不是健康的人。

希臘哲學家柏拉圖曾經提醒世人：「你不可去試探，救身體而不救靈魂。」意即靈魂的故障比身體的故障更爲嚴重，只有靈魂和肉體都健康的人，才是眞正健康的人。

希臘諺語云：「健康和聰明是人生兩大幸福。」

《聖經．箴言》一再強調健康的重要：

「長壽是正直人的善報，白髮是義人榮耀的華冠。」

「喜樂如良藥使人健康，憂愁如惡疾致人死亡。」
「寧靜使身體健康，嫉妒是骨中毒癌。」
「面臨死亡，財富有何用處？誠實能救人生命。」
其他西方哲人強調健康的格言選錄數條如下：
「瞭解生命眞諦的人，可以使短促的生命延長。」（西塞羅）
「疾病教我們淡薄名利。」（波普）
「健康是智慧的條件，是愉快的標幟。」（愛默生）
「健康是富人的幸福，窮人的財富。」（歐文）
「健康就是美，愈健康就是愈美。」（西諺）
「有健康的人便有希望，有希望的人便有一切。」（阿拉伯格言）
孫中山先生亦曾強調健康的重要：「偉大的事業基於高深的學問，堅強的意志在於強健的體魄。」

二、健康的定義與範圍

健康的重要性既是古今中外的學者所一致肯定，然而什麼是健康？健康的本質是什麼？如何促進健康？這就關涉到健康的定義與範圍。

世界上各民族的健康觀念與行爲，大都與其基本價值觀密切相關。因此，各民族對健康的理解與看法往往自成系統，互不相同。聯合國世界衛生組織 (World Health Organization 簡稱 WHO) 有鑒於此，曾於一九四六年在憲章前言中明定健康的定義爲：

「健康是一種生理、心理和社會的完全安寧的狀態，不只是沒有疾病而已。」 (Health is a state of complete physical, mental, and social well-being and not merely the absence of disease or infirmity.)

此項定義分析言之有三個要點：*1.*健康的正面意義不只是沒有疾病而已；*2.*健康的三向度應包含生理的健康、心理的健康和社會的健康；*3.*一個人的生理、心理和社會的三層面必須達到完全安寧的狀態才算是健康。此一定義富有包容性，大體上可以適應不同文化的各民族作不同的解釋，因爲各民族的心理與社會背景是隨其不同文化的價值觀有所不同，故對健康的觀念也有內容和程度的差異，而世界衛生組織對健康定義所述的生理、心理和社會三個層面，大體上可從不同的著重程度來解釋健康的內涵。

爲使健康定義更爲完善起見，有人(Cornacehia)主張健康除生理、心理、社會三個層面外，還有精神層面(Spiritual)，而健康的核心應爲精神層面，人們健康與否往往取決於其價值觀念之認同，社會道德之認知與人性的關懷（註一）。故健康的完善定義應包括四個層面，即生理的、心理的、精神的和社會的，我認爲這是比較完善的定義。

按照世界衛生組織的定義，一個人的生理、心理和社會的三層面必須達到完全安寧的狀態，才算是健康，事實上人類與大自然適應生活中不可能達到完全安寧的狀態，健康與疾病事實上無法完全劃分，因為健康具有下列五種特性：

*1.*健康有先天個別差異性：每個人出生時秉賦不同的父母基因，具有不同的體質，因而健康程度各不相同。

*2.*健康常常變動：健康乃個人遺傳與生活環境相互作用的結果，而生存環境隨時改變，各人適應環境能力互異，因而各人健康程度也有差異。

*3.*健康與自我實踐的努力程度有關：各人的健康習慣與生活互異，因而各人的健康程度也有差異。

*4.*健康是達成人生目標的手段：人們無論生活或工作，必須先有健康才能順利進行。

*5.*健康的年齡特性：隨著時代進步，社會文化醫療科技的發展，人類的健康狀態及平均壽命均有差異。

有一種頗饒趣味的說法，說明健康對達成人生目標的絕對重要性：人們學得每一種才藝，均可在財富數量後加上一個〇，而健康是居數量之首。某人若學會一種才藝又有健康，則財富為一〇；兩種才藝時，財富為一〇〇；三種才藝時，財富為一、〇〇〇；由此類推。但當失去健康時，財富數量的首位數字即行消失，習得再多的技藝也等於零。可見健康之促進與維護為實現人生目標的前提條件。

三、中國傳統文化的健康觀

世界各民族對於健康的看法，取決於其價值觀之認同、社會道德之認知以及對人性的關懷。中國人對於健康的傳統觀念也是多方面的，它是數千年來中國人的宇宙觀和價值觀的一環。中國傳統的基本價值取向爲和諧與均衡，包括三方面：自然系統（人與天）的和諧，有機體系統（人）的和諧，以及人際關係（社會）的和諧，表列如下（註二）：

中國傳統基本價值取向：和諧與均衡

- 1.自然系統（人與天）的和諧
  - 時間的和諧
  - 空間的和諧
- 2.有機體系統（人）的和諧
  - 內在的和諧
  - 外在的和諧
- 3.人際關係（社會）的和諧
  - 人間的和諧
  - 超自然界的和諧

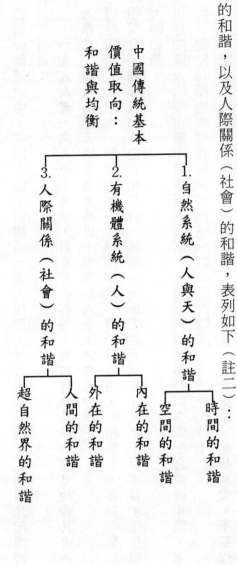

在第一個層次中，中國人的宇宙觀是「天人相應，天人合一」的，此種觀念起源於《易經》的乾卦文言傳：

「夫大人者，與天地合其德，與日月合其明，與四時合其序，與鬼神合其吉凶。先天而天弗違，後天而奉天時。天且弗違，而況於人乎，況於鬼神乎。」

這是說大人的德性，要與天地的功德相契合，要與日月的光明相契合，要與春夏秋冬四季的時序相契合，要與鬼神的吉凶相契合，無論先天後天的天道變化，都不能違背。這是自然系統中人與天的和諧。

這是中國人的宇宙觀中最重要的法則，一切行爲都要與時間空間配合求得和諧，才能健康長壽。此一觀點具體地表現在《黃帝内經》的「法於陰陽」，順應天時：

「上古之人，其知道者，法於陰陽，和於術數，食飲有節，起居有常，不妄作勞，故能形與神俱，而盡終其天年，度百歲乃去。今時之人不然也，以酒為漿，以妄為常，醉以入房，以欲竭其精，以耗散其真，不知持滿，不時御神，務快其心，逆於生樂，起居無節，故半百而衰也。

夫四時陰陽者，萬物之根本也，所以聖人春夏養陽，秋冬養陰，以從其根，故與萬物沉浮於生長之門。逆其根，則伐其本，壞其真矣。故陰陽四時者，萬物之終始也，死生之本也，逆之則災害生，從之則苛疾不起，是謂得道。……是故聖人不治已病治未病，不治已亂

治未亂，此之謂也。」

在第二個層次中，是要求個人有機體的均衡和諧，包括內在的和諧和外在的和諧。儒家所說的「致中和」的觀念即是它的理論依據。《中庸》云：

「喜怒哀樂之未發，謂之中；發而皆中節，謂之和。中也者，天下之大本也；和也者，天下之達道也。致中和，天地位焉，萬物育焉。」

喜怒哀樂乃人之常情，未發之時沒有偏差，謂之中；而發出來都很合宜，謂之和。用現在的話來說就是心理衛生，也就是EQ管理，要求心理上的均衡和諧。至於生理上的均衡和諧也同樣重要。身心都能達到和諧均衡的程度，才算是健康的人。

第三個層次是求人際關係的和諧。這是儒家最重視的倫理關係。在家庭中要有健全的倫理關係，在社會上也要有和諧均衡的人際關係，個人的健康才能得到保證。依現在情況來說，和諧的人際關係還應包括鄰居及社區關係的和諧。

要之，中國傳統文化的健康觀是基於中國的傳統哲學，力求人與天（自然）的和諧，個體的和諧以及人際關係的和諧，此與世界衛生組織所訂定的健康的定義大體相似。

四、健康的新標準

世界衛生組織於公元一九四六年訂定健康的定義後，此後又進一步訂定「健康的新標準」，其內容如下（註三）：

*1.*有充沛的精力，能從容不迫地擔負日常生活和繁重的工作，而且不感到過分的緊張疲勞。
*2.*處世樂觀，態度積極，樂於承擔責任，事無大小，決不挑剔。
*3.*善於休息，積極用腦，並注意起居規律。
*4.*應變能力強，能適應外界環境的各種變化。
*5.*能抵抗一般性感冒和傳染病。
*6.*體重適當，身材勻稱，站立時，頭、肩、臂位置協調。
*7.*眼睛明亮，反應敏銳，眼瞼不易發炎。
*8.*牙齒清潔，無齲齒，不疼痛，牙齦顏色正常，無出血現象。
*9.*頭髮有光澤，無頭皮屑。
*10.*肌肉豐滿，皮膚富有彈性。

五、國際心理衛生運動十六信條

公元一九三〇年華盛頓舉行國際心理衛生會議，有五十餘國參加，成立了「國際心理衛生協會」，一九五七年聯合國舉行「心理衛生世界週」，普遍推行心理衛生運動。

國際心理衛生協會為推行心理衛生運動，曾經通過十六條信條，其內容如左（註四）：

第一條　我信仰上帝，依靠祂的幫助，能使我的生命有意義。
第二條　我要立刻完全而且泰然地去適應生活。
第三條　我每日工作、休息和遊戲。
第四條　我要從事有意義的工作。
第五條　我要避免過度的疲勞。
第六條　我要每日多歡笑。
第七條　我要養成生活、思想、行為、言語和感情的良好習慣。
第八條　我認為自憐、多疑、嫉妒、復仇是無用的感情；我信賴那些可靠的感情，如忠心、勇敢、和仁慈等。
第九條　我要抑制有害的感情衝動，不要放縱情慾，遠離不能控制感情的人。
第十條　我要面對事實，平抑自己的好惡和培養客觀的態度。
第十一條　我要認識自己的缺點，和培養自己的長處。
第十二條　我要立下明確的決斷，並堅持著它。我徵求別人的意見來考慮事情，不加辯駁，但不讓別人給我主意。
第十三條　在世界上，我不期望要獲得什麼，我不去碰觸人生的荊棘；我準備接受不能避免的困難，這樣我可以不為困難所阻，而能自由接納一切機會。

第十四條　我在恐懼、焦急、憂慮之中，仍能繼續做日常的工作，因爲我知道恐懼能激發勇氣。

第十五條　我要注意人生善良的一方面，和重視生命的價值。我不否認有醜惡存在，並不忽視它們。正是因爲有醜惡存在，我才要尋找良善。

第十六條　我知道並且使人記住：人類是愛心、勇敢、力量和才幹的大泉源，我要盡量地汲取，來幫助他人和自己。

以上各條除第一條應屬精神層面外，其餘各條都屬於心理健康範圍。例如養成生活、思想、行爲、言語和感情的良好習慣、抑制感情衝動，不要放縱情慾，每日多歡笑，以及注意人生善良的一面，和重視生命的價值等，都是心理健康的最佳良方。

六、精神層面與社會層面的健康涵義

如上所述，健康的範圍應包含生理的、心理的、精神的和社會的四個層面，其中生理和心理層面前文均有具體論述外，現在再闡述精神的和社會的兩個層面。

健康的精神層面，範圍甚廣，涉及各人的價值觀與道德觀，甚至涉及人性的關懷與靈性的提昇。宗教信仰亦爲精神層面的運用。

我國古人最注重精神修鍊，所謂「精神一到，金石爲開」。王陽明治學，以默坐澄心爲主。

曾國藩則主張靜坐，所謂「息息歸田壽無疆」。此項精神修鍊能使精神集中，澄清思慮，消除病癖，增進健康。

至於健康的社會層面，則爲近代政府應有的健康促進措施。以往的學者多認爲「健康是個人的責任」，但現代化的政府則進而認定「促進健康是社會的責任」，舉凡健康教育的推行，醫療體系的建立，以及環保措施的加強等，均有賴政府的大力推行。

如上所述，健康的範圍包含生理的、心理的、精神的，以及社會的四個層面，每個層面都有它的重要性。但有一個最重要的觀念切不可忽略，那就是：健康是一個整體（wholeness），包含身、心、靈及社會各方面的良好狀態，任何一項的健康可使他項獲益，反之，任何一項有了疾病，必對他項有不利的影響。俗語說：「健全的精神寓於健康的身體」，反之亦然。

七、如何促進健康

由上文所述，我們知道健康的範圍甚爲廣泛，凡與生理、心理、精神及社會有關的各方面都會影響人的健康。健康的反面就是疾病，而疾病的種類隨著時代及環境而改變。從前醫療不發達的時代，傳染病爲死亡的最大原因，現在則傳染病已不在十大死因之內。現在的主要死因爲惡性腫瘤、腦血管疾病、心臟病、糖尿病、高血壓、肝病等慢性疾病。

根據Dever(1976)研究美國喬治亞州十三大死因結果，認爲影響現代人健康最重要的四大因素比率是：醫療體制佔一一％，環境佔一九％，遺傳佔二七％，生活習慣佔四三％。（註五）其中生活習慣所佔比重最大。

又據 Belloc & Breslow(1972) 研究結果指出，下列七種生活習慣對健康影響最大：*1.*不吸菸，*2.*不過度飲酒，*3.*適當睡眠，*4.*適度運動，*5.*體重控制，*6.*不吃零食，*7.*吃早餐。（註六）此一研究結果對現代各國醫療政策影響甚鉅。

有一派心理學，專門研究人類的生活習慣，稱爲「習慣心理學」。習慣可分爲良好的和不良的兩類，我們爲促進健康，在生活上必須改正不良的習慣，培養良好的習慣。中美兩國醫師同樣重視下列二十五則保健習慣，認爲一個人如果養成這些保健習慣，則能活得更老更好。這二十五則保健習慣的重要性順序因國情不同而略有差異，現在依照中國醫師認爲重要的習慣依順序排列如下：（註七）：

*1.*攝取均衡營養的食物，*2.*使用汽車安全帶及機車安全帽，*3.*妥爲收藏各種藥品，*4.*生活中不安排有過度精神壓力的活動，*5.*增加對藥物的常識，*6.*不抽香菸，*7.*戒抽雪茄菸，*8.*每天吃早餐，*9.*避免不必要的X光照射，*10.*戒抽菸斗，*11.*避免高膽固醇的食物，*12.*不攝食過多的熱量，*13.*適量的飲酒，*14.*不攝食飽和脂肪的食物，*15.*減少鹽的攝食量，*16.*每週作運動，*17.*每天睡七至八小時，*18.*每年作身體檢查，*19.*限制每天的咖啡量，*20.*儘量少吃糖，*21.*使身心鬆弛，*22.*實施基本體能測試，*23.*每年須做體能測試，*24.*完全不喝酒，*25.*服食維他命。

養生保健之道多端，在此僅舉一例，以供參考。

擁有健康，就是擁有一輩子的幸福，讓我們一起來努力追求健康吧！

附註

註一　參見黃雅文等編《健康生活》頁五，心理出版社一九九六年出版。

註二　參考李亦園作〈傳統中國價值觀與華人健康行為特性〉一文，載《華人的心理與治療》，曾文星主編，桂冠公司一九九六年出版。

註三　譯自美國《今日健康》雜誌一九九五年二月號，參見台灣《健康通訊》月刊第二期，一九九七年九月一日出版。

註四　參見《永保健康》第三期頁四二，一九八四年香港永保健康協會出版。

註五　同註一頁一一。

註六　同註一頁一二。

註七　參見柯永河著《心理治療與衛生》下冊，頁四八六。張老師出版社一九九三年出版。

中國養生學概要

中國養生學是我國博大精深傳統文化中的一大瑰寶。它的起源和發展，綿延數千年，歷久不衰，而且年代愈久愈顯示出燦爛的光輝。它是以中國古代哲學爲理論基礎，與中國醫學相結合發展而成的，匯集了我國歷代各民族養生保健的智慧、經驗和方法，並吸收了現代科學有關的研究成果，所形成的一門獨特的學科，値得我們的重視和研究。

一、「養生」一詞的來源與涵義

「養生」一詞，起源甚早。最初談到「養生」的是管仲，《管子・立政九敗解》云：「人君唯無（註：無，慣也）好全生，則群臣皆全其生，而生又養生，養何也？曰：滋味也，聲色也，然後爲養生。」意謂君王提倡養生，則群臣亦講究養生，而當時所講的養生內容主要爲飲食、男女。

《呂氏春秋・節喪》云：「知生也者，不以害生，養生之謂也。」此僅指消極方面不要有妨害養生的行爲。又積極方面，《盡數》篇云：「故凡養生，莫若知本，知本則疾無由至矣。」

焉。」意在說明養生之道應順乎自然。

《莊子・養生主》於敘述庖丁解牛的故事後，文惠君曰：「善哉！吾聞庖丁之言，得養生焉。」意在說明養生之道應順乎自然。

《孟子・盡心下》云：「養生莫善於寡欲。」孟子主張清心寡欲以養生。

《荀子・修身》云：「凡治氣養心之術，莫徑由禮，莫要得師，莫神一好。夫是之謂治氣養生之術也。」此處所述爲「治氣養心」之養生方法，又《儒效》篇云：「以養生爲已至道。」

其餘古書談到「養生」一詞的，例如《淮南子・原道訓》云：「雖以天下爲家，萬民爲臣妾，不足以養生也。」又如《抱朴子・內篇極言》云：「養生以不傷爲本。」至魏代以後，乃有嵇康的《養生論》高平的《養生要集》，及陶弘景的《養生延命錄》等專題論著。此外，談到養生方法而未標明「養生」二字的古人，那就更多了。

養，從食，羊聲，本義作供養解，乃造食物供餐之意，故從食。又以羊性馴順，有美善之意。生，指生命，生存，生活。「養生」，一般指生命的衛護和保養，使能養生長壽。古人養生之術，於無病時用於預防，生病時用於治療，病後用於康復，以達到不老輕身，延年益壽的目的。

「養生」一詞的涵義，起初專指攝生以保長壽。《老子・五十》「蓋聞善攝生者，陸行不遇兕虎，入軍不被甲兵。」河上公注云：「攝、養也。」亦即以身體的保健爲主要內容，其後乃發展至身心兼顧，甚至包括德性的修養在內。

二、中國養生學的哲學基礎

中國養生學在形成和發展過程中，先後吸收了中國古代哲學思想作為理論基礎。易經為我國古代學術思想的源泉，養生學的思想理論自非例外。養生學中所引用的哲理約有下列各點：

㈠生命哲學：易經的宇宙觀認為宇宙是一個生命流行的境界，絕不是物質的機械系統，它充滿了生機，時刻都在化育創造。天為大生，萬物資始，地為廣生，萬物咸亨，合此天地生生之大德遂成宇宙。易傳云：「大哉乾元，萬物資始，……至哉坤元，萬物資生。」「天地感而萬物化生。」「天地之大德曰生。」「生生之謂易。」易經以乾坤兩卦象徵萬物化生的根源。推而至六十四卦，都是象徵生命的變化與發展。由此而形成的哲學體系便是生命哲學。

至於生命哲學的體系內涵，當代大哲方東美先生曾經指出：「中國向來是從人的生命來體驗物的生命，再體驗整個宇宙的生命。中國的本體論是一個以生命為中心的本體論，把一切集中在生命上，而生命的活動依據道德的理想、藝術的理想、價值的理想，持以完成在生命的創造活動。因此，周易的繫辭傳中，不僅形成一個本體論系統，而更形成以價值為中心的本體論系統。第一是以生命為中心的哲學體系，第二是以價值為中心的哲學體系。」（參見方東美著《原始儒家道家哲學》頁一五八）。因此，易經的生命哲學包含一系列的原理：生之理、愛之理、化育之理、原始統會之理、中和之理及旁通之理。欲知其詳細內容，請參閱拙著《易經的生命哲學》

（文津出版社）。

生命哲學在養生學上的應用，首先是重視生命的本身，因而珍惜生命、維護生命和延續生命。其次是發揮生命的價值，可從三方面努力以赴，就是建立道德觀念，完成藝術理想和達成大同世界。

至於易經的乾卦大象傳：「天行健，君子以自強不息。」是勉勵君子要效法天體的運轉永不休止，充實德性，以參贊天地之化育。又頤卦之「自求口實，觀其自養」、「養正則吉」、「慎言語，節飲食」及渙卦的「渙其血，遠害也」以及其他卦辭之趨吉避凶，以維護安全和健康等，均為古人養生的具體指示，值得重視。

㈡陰陽平衡：我國古人認為萬事萬物可以歸納為陽剛陰柔兩大類，天是陽剛，地是陰柔，男是陽剛，女是陰柔，其他一切事物莫不皆然。由於陰陽相對立而發生變化的特性，可應用於一切事物的發生、發展和變化。又陰陽之中還可分陰陽，即陰可分為陰中之陰與陰中之陽；陽也分為陽中之陰與陽中之陽，這是陰陽的可分性。又陰與陽互相依存，不能脫離對方單獨存在，這是陰陽的互根互用的關係。又陰與陽在一定條件下，也可以互相轉化。所謂一定條件乃指「極限」。這種相互制約的作用，使陰陽的運動變化處於相對平衡的協調狀況，成為動態的平衡。於是古人乃把宇宙間萬事萬物的陰陽平衡觀念應用到醫學和養生中，來說明人體的生理和病理現象。認為人體內部也有陰陽相對兩方面，只要能保持人體內陰陽的平衡關係，便能維持人體的健康狀態。

陰陽平衡的原理應用於中國醫學上是多方面的。例如人體的組織器官可劃分爲陰陽對立的兩部分：腹部屬陰，背部屬陽；五臟屬陰，六腑屬陽；血屬陰，氣屬陽；筋骨屬陰，皮膚屬陽等。推而至於人體的生理功能和病理現象，均可劃分其陰陽屬性。更重要的，中醫所謂「八綱辯證」，乃是以陰陽爲總綱，八綱是指陰、陽、表、裡、寒、熱、虛、實，其中表、熱、實證屬陽；裡、寒、虛證屬陰。推而至於致病的邪氣（風、暑、燥、火爲陽邪，寒、濕爲陰邪，中醫稱爲六淫）和藥物的性味、功用也可分陰陽。

㈢五行生剋：「五行」最早見於《尚書・洪範》中的九疇，其第一範疇就是五行：「一曰水，二曰火，三曰木，四曰金，五曰土。水曰潤下，火曰炎上，木曰曲直，金曰從革，土爰稼穡。潤下作鹹，炎上作苦，曲直作酸，從革作辛，稼穡作甘。」五行原意是指水、火、木、金、土五種自然原素，含有各種物理化學性質，即水性潤下，火性炎上，木性外揚，金性內歛，土性靜止，當時所講的五行只單純指五種自然原素或民生實用的五種資材，與人事毫無關聯。到了戰國時代才與陰陽觀念合流，應用於星象曆數，和聲製譜，協律作樂，公羊史觀，春秋論政，乃至診斷行醫等。例如在自然界有五音：角、徵、宮、商、羽；五味：酸、苦、甘、辛、鹹；五色：青、赤、黃、白、黑；五氣：風、暑、濕、燥、寒；五方：東、南、中、西、北；而在人體有五臟：肝、心、脾、肺、腎；六腑：膽、小腸、胃、大腸、三焦、膀胱；五官：目、舌、口、鼻、耳；形體：筋、脈、肉、皮、骨；五志：怒、喜、思、悲、恐；五液：淚、汗、涎、涕、唾。

五行學說不單指事物分別歸屬五類，更重要的是它們之間的相生相剋的關係。五行的相生，乃指一事物對其他事物的促進、助長等作用，其規律和順序爲：木生火、火生土、土生金、金生水、水生木。五行的相剋，乃指一事物對其他事物的抑制、約束等作用，其規律和順序是：木剋土、土剋水、水剋火、火剋金、金剋木。五行相生相剋的關係乃被應用於醫學上，分析各臟腑、經絡之間和各種生理功能之間的關係，以闡釋病理和病情。至於五行學說在養生學中的應用，乃按五行相生相剋的關係，加以調控，以促進人體機能，而達到健康長壽的目的。

三、中國養生學的源流

中國養生學源遠流長。自古以來，我國人民就非常重視防病保健。從茹毛飲血到鑽木取火，從樹棲穴居到結茅爲舍，古人就在艱困的生活條件下，爲防病保健與自然作艱苦的搏鬥。即使從有文字的記載算起，也可追溯到殷商時期。從現存的甲骨文中，已發現很多有關調理生活、預防疾病的記載。當時的疾病記載有足疾、肘疾、骨疾、五官及口腔等的疾病。當時人們患病多歸咎於天譴，只知卜筮、祭祀與祈禱。其後隨著生活的改善文明的進步，乃逐漸講求飲食衛生與醫藥保健。此爲養生思想的萌芽。

中國養生學的歷史發展，可劃分爲五個階段，分別簡述如下：

㈠先秦時期（公元前二〇六年以前）

西周時人民對四時氣候與疾病的關係，已經有相當認識。《周禮》記載：「四時皆有厲疾：春時有痟首疾（按指頭痛），夏時有癢疥疾（按指皮膚病）秋時有瘧疾，冬時有嗽上氣疾。」朝廷設有「食醫」，掌管貴族飲食，指導「六飲」、「六膳」、「百饈」、「百醬」等飲食問題；「疾醫」，掌管治病，以「五味、五谷、五藥養其病。」此外，設有掌管環境衛生的職官：「翦氏掌除蠹物」「壺涿氏掌除水蟲」。可見當時對防治疾病及飲食衛生已有相當認識。

春秋戰國時代，由於文化的發展，學術上出現「百家爭鳴」的局面。諸子對於養生保健各抒高見：老子主張順應自然，少私寡欲，清靜無爲，知足常樂。莊子主張動靜結合以養神，用庖丁解牛的故事說明養生須順乎自然。孔子除了在易傳方面指出養生的原則外，並著重動靜結合，剛柔相濟，注意飲食衛生。孟子主張清心寡欲，積極用腦，養生而不苟生。荀子主張治氣養生，強本而節用。管子主張益氣保精。《呂氏春秋》認爲精、氣、神是生命的根本，較注重精神的保養。《黃帝内經》是集先秦醫療及養生經驗大成之巨著，主張順應四季氣候以養生，要「飲食有節，起居有常，均適寒溫，不妄作勞，慎節房室。」並要調攝精神與形體，提高適應環境、避免外邪侵襲的能力。

由上所述，可知先秦時期是中國養生學的濫觴，奠定了養生學的理論基礎，主要觀念爲順應自然，清靜安閒，動靜結合，節欲保精。《黃帝内經》的養生理論對後世影響甚大，尤其是中醫的寶典。

(二)漢唐時期（公元前二〇六—公元九六〇年）

自秦漢至隋唐千餘年間，爲中國養生學集大成時期。在精神修養方面，他們多服膺老莊學說。主張順應自然，清靜無爲；在實際行動方面，多注重導引吐納，甚至煉丹服食。秦始皇、漢武帝都是長生不老的熱烈追求者，在他們的倡導下，一些自稱有長生術的方士以及得道的「神仙」，進而推波助浪，於是煉丹術，服石法、神仙術以及房中術等的養生方法風行天下。

前述著名的《黃帝內經》成書於西漢時期，長達十四萬言，總結了先秦時期的醫學理論和實際經驗，也是養生學集大成的巨著，對後世具有深遠的影響。其主要的養生觀點爲：「上古之人，其知道者，法於陰陽，和於術數，食飲有節，起居有常，不妄作勞，故能形與神俱，而盡終其天年，度百歲乃去。今世之人不然也，以酒爲漿，以妄爲常，醉以入房，以欲竭其精，以耗散其眞，不知持滿，不時御神，務快其心，逆於生樂，起居無節，故半百而衰也。」

西漢初年，一些崇奉老莊思想的學者和方士，提倡導引、吐納等養生方法，如張良從赤松子游，「乃學辟穀導引輕身」（《史記·留侯世家》）；李少君、東方朔等也倡行「導氣養性」之術（《論衡·道虛》），到魏晉時代卻有些人加入迷信色彩，追求長生不老。直至魏末嵇康與張湛分別著《養生論》，重申老莊學派的養生思想，重視調攝，形神共養，防止過用病生，注意積微成損·葛洪著《抱朴子》，主張養生以不傷爲本，寶精行氣，創胎息功法，動以養形，吐納練氣。東漢時華陀醫道高明，尤其擅長外科。齊梁時代著名醫家陶宏景著《養生延命錄》，認爲壽天與先天因素有關，但調攝將養更爲重要。

佛家養生法在漢明帝時隨佛教傳入，至隋唐時代始盛行。唐代孫思邈著《千金要方》和《千金翼方》，內載天竺練身法。其後尚有達摩易筋經、天台宗六妙法門及西藏密宗金剛拳等，均爲佛家的養生術。

㈢宋元時期（公元九六〇—一三六八年）

兩宋金元時期，醫學流派與道家內丹術同時盛行，對養生學的發展有很大的貢獻，這時出現了大批養生著作。《聖濟總錄》是北宋時由政府召集著名醫學家共同編撰，內容十分豐富。養生方面特別重視氣的生理作用，認爲養生當「以導引爲先」，因爲導引能「行氣血，利關節，辟除邪氣，使不能入」。《蘇沈良方》爲北宋蘇軾、沈括所著，其養生觀點主張「和與安」，即和合天地，順應四時，安於物變，聽其所爲。《壽親養老新書》爲元代鄒鉉編次，主要爲針對老年人的生理認識，提出相應的養生方法。元代邱處機著《攝生消息論》，依據《內經》四時養生之旨，結合老年生理而發揮其養生之法。又元代王珪著《泰定養生主論》，論述婚後至育嬰、童年、壯年、老年各階段的生理調攝、疾病治療，頗有創見，並提倡藥食養生。

宋元時期的養生學，繼承了《黃帝內經》的養生思路，進一步發展，明確提出「攝生者先須洞曉病源，知其所犯。」對老年生理有正確的認識，主張養生要依婚孕、嬰幼、童壯、衰老不同階段的生理病理特點爲依據;並進一步發展了藥食調養的觀點。

㈣明清時期(公元一三六八—一九一一年)

養生以保養精、氣、神爲首要,長壽或夭折與先天後天有關,這些觀念爲明清養生家的共識。此一時期有關養生著作甚多,其中最重要的有下列三種:一爲張景岳所著《景岳全書》,主張壽夭與先天、後天有關,治形必以精血爲先,中年開始抗衰老,虛靜以養心神,防止過用病生,示人勿困於酒、色、財、氣、功名及庸醫之中。次爲李梴著《素問》,以內經的養生原則爲正宗,一切以精神內守爲前提,並闡述飲食「能甘淡薄」與壽夭的關係。三爲明代李時珍的藥學專著《本草綱目》,提供有關飲食營養的大量資料,保存了不少食療佚文,登錄很多食療方法。

明清時期是中國養生學的鼎盛時期,也是集養生之大成時期,不但在理論上繼承了歷代的精華,並且在實際上普及到民間,發揮了健康長壽的促進功能。

以上簡略地介紹了中國養生學的起源、發展的演進過程,其中有許多極具價值的養生理論與方法,值得我們繼續發揚光大,但也間或有不足爲訓的偏見,我們必須明辨,擇善而從。

四、中國養生學的特徵

如上所述,中國養生學經歷了四五千年的演變,在中國文化的薰陶下,吸收了中國古代哲學和無數先民的經驗累積,形成了獨特的體系,確是構成中國文化不可或缺的重要的一環。

中國養生學的特徵，約可分爲下列各點：

第一、形神兼養。形是指人的形體，包括人體中的各種生理機能；神是指人的精神思惟。古人所說的形神，猶如現代人所說的身心。我們的精神和肉體，同樣需要講究養生，兩者相較，精神比肉體更加重要。嵇康的《養生論》說得很透徹：「是以君子知形恃神以立，神須形以存，悟生理之易失，知一過之害生。故修性以保神，安心以全身，愛憎不棲於情，憂喜不留於意，泊然無感，而體氣和平；又呼吸吐納，服食養生，使形神相親，表裡俱濟也。」身體的鍛練有賴運動和勞動，精神的修養則要做到清虛靜定，少私寡欲。

第二，適度調節。中國養生學處處講究適度，凡事適可而止，此可從三方面看出：即精神情志活動的適度，飲食五味的適度，和體力房事的適度。人皆有七情：喜、怒、憂、思、悲、恐、驚，七情過度必傷身心。所以歷代養生家均主張和喜怒以安神氣，少思慮以養神氣，去憂悲以悅神氣，防驚恐以攝神氣。至於飲食的適度也極重要，飲食不要過量，過量必致病，飲食不要偏嗜，偏嗜則營養不均衡也會致病。此外，飲食過冷過熱也不適宜，應做到飲食有節，寒溫適中。體力房事的適度，則指運動及勞動要適可而止，做到「勞逸結合」，唐代孫思邈說：「養生之道，常欲小勞，但莫大疲及強所不能堪耳。」又房事的適度也是歷來醫家所重視，尤須切戒「醉以入房」。

第三，重視調攝。早在漢代末年，王充在《論衡》中已指出人的壽夭與遺傳有關：「夫稟氣渥則體強，體強則其命長；氣薄則其體弱，體弱則命短。」但是先天的遺傳不可靠，後天的保養才重要。明代張景岳曾說：「先天強厚者多壽，先天薄弱者多夭；後天培養者壽者更壽，後天斫削者夭者更夭，兩天俱得其全者，耆艾無疑也。」、「先天之強者不可恃，恃則並失其強矣；後天之弱者常知慎，慎則人能勝天矣。所謂慎者，慎情志可以保心神，慎寒暑可以保肺氣，慎酒色可以保肝腎，慎勞倦飲食可以保脾胃。……但使表裏無虧，則邪疾何由而犯，而兩天之權不在我乎。」（《景岳全書》）可見後天調攝對於長壽之重要。

第四，年齡差異。孔子曾說：「君子有三戒：少之時，血氣未定，戒之在色；及其壯也，血氣方剛，戒之在鬥；及其老也，血氣既衰，戒之在得。」這是最早依年齡生理的不同提出的養生原則。明代張景岳主張中年人就應該開始抵抗衰老：「故人於中年左右，當大爲修理一番，則再振根基，尚餘強半。」到了老年更須延緩衰老。在精神修養方面，元代王珪說：「蓋年老養生之道不貴求奇，先當以前賢破幻之詩，洗滌胸中憂結，而名利不苟求，喜怒不妄發，聲色不因循，滋味不耽嗜，神慮不邪思，無益之書莫讀，不急之務莫勞。」此外，老年人也要講求怡情悅志之法，以免有孤獨感。而且要「常用腦，可防老」。

第五，順應自然。這有兩種含義：一是指順乎自然界的變化以養生，即《素問》所說的「和於陰陽，調於四時」；二是指順乎自然之理以養生，也就是莊子庖丁解牛故事中悟出的養生之道。前者要順乎自然界的季節轉變以養生，身體才不會致病，後者要順乎自然界的陰陽規律，以保護生機，心情才能愉快。

五、中國養生方法簡介

我國歷代相傳的養生方法，種類繁多，內容豐富，對於保健延壽防病治病貢獻極大。我們如要從事修煉，首先必須了解各種養生方法的主要功用；其次要瞭解自己的體質適合修煉何種養生方法，然後再來研究選擇養生的方法，循序漸進，持之以恒，才能收到最佳的效果。

依據《實用中國養生全書》（一九九三年護幼社出版）所載，我國歷代相傳的養生方法，可以分成下列八大類：

㈠情志調攝養生法：情志亦稱情緒，人皆有七情，如何調攝使能保持心理平衡，達到延年益壽的目的極爲重要。常用的情志調攝方法，例如將養生與修身養性相結合，注重道德修養，順應四季的「四時養生法」，形神兼養法，以及各種娛樂項目，例如書畫、音樂、奕棋、蒔花、集郵等。

㈡飲食調理養生法：飲食養生是指調整飲食規律，注意飲食宜忌，飲食有節，因人因地因時制宜，養成良好的飲食習慣，以達到保健強身的目的。此外，還要研究各種保健食譜及藥膳養生法。

㈢生活起居養生法：《素問》將「起居有常」與「食飲有節」同等重視。起居有常是指生活要有規律，不可過勞。生活起居的有關內容包含居住環境、服飾、睡眠、沐浴、理髮、戒煙、少酒，以及克服不良習慣等。

㈣房事調諧養生法：乃指對性生理、心理的認識，節制房事的意義與方法，以及有關性功能障礙及性傳染病的防治等。

㈤勞動運動養生法：勞動和運動能使人體魄健全，精力旺盛，但要兼顧形神兼練、適度不疲、勞逸結合及持之以恒等原則，古代健身運動有五禽戲、易筋經、八段錦及太極拳等，現代健身運動更多。

㈥氣功調攝養生法：氣功是我國傳統文化中的珍品，不但可以防病治病，還可以增益智能、陶冶性情。氣功的流派甚多，有吐納派、禪定派和導引派等。其基本內容不外是保健功、鬆靜功和肢體動功三個部分。

㈦經絡穴位養生法：這是運用針刺、艾灸、按摩等方法，刺激經絡、穴位，以達到調和氣血增進健康的養生法。其中針灸一項已經發展成爲中醫療法的專門醫術。

㈧藥物調理養生法：服食藥物是養生保健防治疾病的重要方法。中藥多是天然物質，較爲安全。藥物調理的原則是預防爲先，調補爲主，辨證用藥和因時因地因人制宜。中藥學也已成爲中醫的專門學科。

六、中國養生學面臨新情勢

中國養生學演進到現代已經面臨一個新的局面，受到西方科技文化的挑戰後，如何將我國固有的精髓部分經過鑑定無誤吸收補充後使其繼續向前邁進，而將其糟粕及不合時宜不合科學部分予以拋棄，實爲當務之急。尤其是關於中醫與西醫方面，更須中西醫結合，走出一條康莊大道來。

例如關於人類的衰老和抗衰老的研究，中國和西洋自古以來就有許多不同學說。我國的精、氣、神學說可作代表。西方中古時代有溫熱說、磨損說、自體中毒說等。現代醫學的養生理論則有遺傳說、內分泌說、免疫說、精神心理衛生說和自由基說等。如何融貫中西，取精棄粕，使中國養生學成爲既古老又尖端的學科，實是我們當前的要務。

又如中國養生法中的針灸和氣功都經得起現代科學的考驗，爲西方人士所推崇，應該發揚光大。但是憑藉陰陽五行建立的十二經脈和五臟六腑說是否有存在的價值就要重新檢定了。

再如中藥科學化問題也急待澄清。自神農氏嘗百草，至今已累積了無數的經驗良方，但是鑑定藥物的質量方式應由科學的檢驗方式取代，傳統的丸、散、膏、丹等製作方式，應改爲研發各類片劑、沖泡劑、糖漿、膠囊、口服液及注射劑等，以適應時代的需要。

關於推展改進傳統中醫藥方面，近年來台灣的中國醫藥學院已經做了不少研究工作，但在質量上仍然不夠。中國大陸方面較為積極，自一九五〇年以來，推行中西醫結合，已經收到相當成效，值得重視。

七、結論

在中國五千年的文明史中，中國養生學從萌芽到茁壯以至發展，始終一脈相傳，就像滾雪球，愈滾愈大，直到現在已經成為具有中國特色的養生健身的法寶。

中國養生學自先秦時代起就吸收了古人的「重人貴生」的哲學思想，秉著「天地之大德曰生」以及「天人合一」的理念從事養生保健益壽延年的追求。在漫長的追求過程中，曾經獲致無數的養生方法與技術，值得我們去繼承與發揚。在現代的科學洗禮下，如何鑑定改進，使中國養生學精益求精，也是我們的責任。

最後，謹錄魏代養生大家嵇康（公元二二四——二六三年）所著《養生論》中之一段，作為養生座右銘，願與閱者共勉：

「善養生者，則不然矣，清虛靜泰，少私寡欲，知名位之傷德，故忽而不營，非欲而強禁也；識厚味之害性，故棄而弗顧，非貪而後抑也。外物以累心不存，神氣以醇白獨著。曠然無憂患，寂然無思慮。又守之以一，養之以和，和理日濟，同乎大順。然後蒸以靈芝，潤以醴泉，晞以朝陽，綏以五弦，無為自得，體妙心玄，忘歡而後樂足，遺生而後身存。若此以往，庶可與羨門比壽，王喬爭年，何為其無有哉！」

中國古人養生要訣

一、老子

△致虛極，守靜篤，萬物並作，吾以觀復。夫物芸芸，各復歸其根，歸根曰靜，是謂復命。復命曰常，知常曰明，不知常，妄作凶。（十六章）

△見素抱樸，少私寡欲。（十九章）

△人法地，地法天，天法道，道法自然。（二十五章）

△重爲輕根，靜爲躁君。輕則失根，躁則失君。（二十六章）

△是以聖人去甚，去奢，去泰。（二十九章）

△靜勝躁，寒勝熱。清靜爲天下正。（四十五章）

△出生入死，生之徒，十有三；死之徒，十有三；人之生，動之於地，亦十有三。夫何故？以其生生之厚。蓋聞善攝生者，陸行不遇虎兕，入軍不被甲兵；兕無所投其角，虎無所措其爪，兵無所容其刃。夫何故？以其無死地。（五十章）

△甘其食，美其服，安其居，樂其俗。（八十章）

二、孔子

△食不厭精，膾不厭細，食饐而餲，魚餒而肉敗，不食；色惡，不食；臭惡，不食；失飪，不食；不時，不食；割不正，不食；不得其醬，不食。肉雖多，不使勝食氣，唯酒無量，不及亂。沽酒市脯，不食。不撤薑食，不多食。（鄉黨）

△君子有三戒：少之時，血氣未定，戒之在色；及其壯也，血氣方剛，戒之在鬥；及其老也，血氣既衰，戒之在得。（季氏）

三、孟子

△養心莫善於寡欲。（盡心下）

△富貴不能淫，貧賤不能移，威武不能屈，此之謂大夫夫。（滕文公下）

四、莊子

△文惠君曰：「善哉！吾聞庖丁之言，得養生焉。」（養生主）（按指養生要順乎自然。）

△古之眞人，其寢不夢，其覺無憂，其食不甘，其息深深，……其嗜欲深者，其天機淺。（大宗師）

好也。（刻意）

△吹响呼吸，吐故納新，熊經鳥伸，爲壽而已矣；此導引之士，養形之人，彭祖壽考者之所好也。（刻意）

△故聖人休休焉則平易矣，平易則恬淡矣，平易恬淡則憂患不能入，邪氣不能襲，故其德全而神不虧。（同上）

△純粹而不雜，靜一而不變，淡而無爲，動而以天行，此養神之道也。（同上）

△至道之精窈窈冥冥，至道之極，昏昏默默。無視無聽，抱神以靜，形將自正。必靜必清，無勞汝形，無搖汝精，乃可以長生。目無所見，耳無所聞，心無所知，女神將守形，形乃長生。（在宥）

△徹志之勃，解心之謬，去德之累，達道之塞。貴、富、顯、嚴、名、利六者，勃志也；容、動、色、理、氣、意六者，謬心也；惡、欲、喜、怒、哀、樂六者，累德也；去、就、取、與、知、能六者，塞道也；此四六者不盪胸中則正，正則靜，靜則明，明則虛，虛則無爲而無不爲也。（庚桑楚）

△夫虛靜恬淡寂寞無爲者，天地之本而道德之至；虛則靜，靜則動，動則得矣，靜則無爲，無爲也則任事者責矣，無爲則俞俞，俞俞者憂患不能處，年壽長矣，夫虛靜恬淡寂寞無爲者，萬物之本也。（天道）

五、荀子

△治氣養心之術：血氣剛強，則柔之以調和；知慮漸深，則一之以易良；勇膽猛戾，則輔之以道順；齊給便利，則節之以動止；狹隘褊小，則廓之以廣大；卑濕重遲貪利，則抗之以高志。……凡治氣養心之術，莫徑由禮，莫要得師，莫神一好，夫是之謂治氣養生之術也。

△強本而節用，則天不能貧；養備而動時，則天不能病；修道而不貳，則天不能禍。……萬物各得其和以生，各得其養以成。

六、管子

△天主正，地主平，人主安靜，春秋冬夏，天之時也，山陵川谷，地之材也，喜怒取予，人之謀也，是故聖人與時變而不化，從物而不移，能正能靜，然後能定，定心在中，耳目聰明，四肢堅固，可以爲精舍。精也者，氣之精者也。氣道乃生，生乃思，思乃知，知乃止矣，凡心之形，過知失生。一物能化謂之神，一事能變謂之智，化不易氣，變不易智，惟執一之君子能爲此乎！執一不失，能君萬物。君子使物，不爲物使。（內業）

△我心治，官乃治，我心安，官乃安，治之者心也，安之者心也，心以藏心，心之中又有心焉。彼心之心，音以先言，音然後形，形然後言，言然後使，使然後治，不治必亂，亂乃死。精

存自生，其外安榮，內藏以爲泉源，浩然和平以爲氣淵，淵之不涸，四體乃固，泉之不竭，九竅遂通，乃能窮天地，被四海，中無惑意，外無邪災，心全於中，形全於外，不逢天災，不遇人害，謂之聖人。（內業）

△凡人之生也，必以平正；所以失之，必以喜怒憂患。是故止怒莫若詩，去憂莫若樂，節樂莫若禮，守禮莫若敬，守敬莫若靜，內靜外敬，能反其性，性將大定。（內業）

△凡食之道，大充，傷而形不臧；大攝，骨枯而血沍。充攝之間，此謂和成，精之所舍，而知之所生。飢飽之失度，乃爲之圖，飽則疾動。飢則廣思，老則長慮。飽不疾動，氣不通於四末。飢不廣思，飽而不廢，老不長慮，困乃速竭。（內業）

七、《韓非子》─韓非

△神不淫於外則身全。

△故視強則目不明，聽甚則耳不聰，思慮過度則智識亂。

△衆人之用神也躁，躁則多費，多費之謂侈，聖人之用神也靜，靜則少費，少費之謂嗇。

△聖人愛精神而貴處靜，聖人愛寶其神則精盛。

八、呂不韋——《呂氏春秋》

△聖人之於聲色滋味也，利於性則取之，害於性則舍之，此全性之道。（本生）

△室大則多陰，臺高則多陽；多陰則蹷，多陽則痿，此陰陽不適之患也。是故先王不處大室，不爲高臺。味不衆珍，衣不燀熱，燀熱則理塞，理塞則氣不達。味衆珍則胃充，胃充則中大鞔，中大鞔而氣不達，以此長生可得乎？（重己）

△何謂去害？大甘、大酸、大苦、大辛、大鹹，五者充形則生害矣；大喜、大怒、大憂、大恐、大哀，五者接神則生害矣；大寒、大熱、大燥、大濕、大風、大霖、大霧，七者動精則生害矣。故凡養生，莫若知本，知本則疾無由至矣。（盡數）

△食能以時，身必無災，凡食之道，無飢無飽，是之謂五臟之葆，口必甘味，和精端容，將之以神氣。百節虞歡，咸進受氣。飲必小咽，端直無戾。（盡數）

△四欲之得也，在於勝理，勝理以治身則生全，生全則壽長矣。（適音）

九、《淮南子》——西漢劉安

△夫精神之不可使外淫也。是故五色亂目，使目不明；五聲嘩耳，使耳不聰；五味亂口，使口爽傷；趣舍滑心，使行飛揚。以上四者天下之所養性也，然皆人累也。故曰嗜欲者，使人之氣

越，而好憎者，使人之心勞，弗疾去，則志氣日耗。夫人之所以不能終其壽命，而中道夭於刑戮者，何也？以其生生之厚。夫唯能無以生爲者，則所以修得生也。（精神訓）

△夫精神氣志者，靜而日充者以壯，躁而日耗者以老。是故聖人將養其神，和弱其氣，平夷其形，而與道沉浮俯仰。（原道訓）

十、《論衡》──東漢王充

△夫強弱夭壽，以百爲數。不至百者，氣自不足也。夫稟氣渥則其體強，體強則其命長，氣薄則其體弱，體弱則命短，命短則多病壽短。人之稟氣，或充實而堅強，或虛劣而軟弱，充實堅強，其年壽；虛劣軟弱，失棄其身。非天有長短之命，而人各有稟受也。（氣壽）

△百歲之壽，蓋人年之正數也。猶物至秋而死，物命之正期也。物先秋後秋，則亦如人死或增百歲或減百也。（氣壽）

△養氣自守，適食則久，閉明塞聰，愛精自保。適補服藥引導，庶冀性命可延。（自紀）

十一、《黃帝內經》

△上古之人，其知道者，法於陰陽，和於術數，食飲有節，起居有常，不妄作勞，故得形與神俱，而盡終其天年，度百歲乃去。今時之人不然也，以酒爲漿，以妄爲常，醉以入房，以欲竭

其精，以耗散其眞，不知持滿，不時御神，務快其心，逆於生樂，起居無節，故半百而衰也。（素問）

△夫四時陰陽者，萬物之根本也。所以聖人春夏養陽，秋冬養陰，以從其根，故與萬物沉浮於生長之門。逆其根，則伐其本，壞其眞矣。故陰陽四時者，萬物之終始也，死生之本也，逆之則災害生，從之則苛疾不起，是謂得道。道者，聖人行之，愚者佩之。從陰陽則生，逆之則死，從之則治，逆之則亂。反順爲逆，是謂內格。是故聖人不治已病治未病，不治已亂治未亂，此之謂也。夫病已成而後藥之，亂已成而後治之，譬猶渴而穿井，鬥而鑄錐，不亦晚乎！（素問）

十二、《春秋繁露》—西漢董仲舒

△夫喜怒哀樂之發，可節而不可止也。節之而順，止之而亂。

△太實則氣不通，太虛則氣不足，熱勝則氣泄，寒勝則氣滯，太勞則氣不入，大佚則氣宛至，怒則氣高，喜則氣散，憂則氣狂，懼則氣懾。凡此十者，氣之害也，而皆生於不中和。故君子怒則反中而自說以和，喜則反中而收之以正，憂則反中而舒之以意，懼則反中而實之以精。

△仁人之所以氣壽者，外無貪而內清淨，心平和而不失中正，取天地之美以養其身。鶴之所以長壽者，無宛氣於中，猿之所以長壽者，好引其末，是故氣四越，天之氣常動而不滯，是故道者亦不宛氣。

△是故君子養而和之，節而法之，去其群泰，取其衆和。高臺多陽，廣室多陰，違天地之和也，故人弗爲，適之而已矣。

△故養生之大者乃在愛氣，氣從神而成，神從意而出，心之所之謂氣，意勞者神擾，神擾者氣少，氣少者難久矣。故君子閑欲止惡以平意，平意以靜神，靜神以養氣，氣多而治，則養身之大者得矣。

△精神者生之內充也，外泰不若內充，而況外傷乎？忿恤憂恨者生之傷也，和說勸善者生之養也。

△凡養生者莫精於氣，是故男女體其盛，臭味取其勝，居處就其和，勞佚居其中，寒暖無失適，飢飽無過平，欲惡度於理，動靜順性命，喜怒止於中，憂懼反之正，此中和常在乎其身，謂之大得天地泰，大得天地泰者，其壽引而長，不得天地泰者，其壽傷而短。（循天之道）

十三、《養生論》——魏末嵇康

△君子知形恃神以立，神須形以存，悟生理之易失，知一過之害生，故修性以保神，安心以全身，愛憎不棲於情，憂喜不留於意，泊然無感，而體氣和平；又呼吸吐納，服食養身，使形神相親，表裡俱濟也。

△神農曰：「上藥養命，中藥養性者，誠知性命之理，因輔養以通也。」而世人不察，惟五

穀是見，聲色是耽，目惑玄黃，耳務淫哇。滋味煎其腑臟，醴醪鬻其腸胃，香芳腐其骨髓，喜怒悖其正氣，思慮銷其精神，哀樂殃其平粹。夫以蕞爾之軀，攻之者非一塗，易竭之身，而外內受敵，身非木石，其能久乎？

△善養生者，則不然矣。清虛靜泰，少私寡欲。知名位之傷德，故忽而不營，非欲而強禁也；識厚味之害性，故棄而弗顧，非貪而後抑也，外物以累心不存，神氣以醇白獨著，曠然無憂患，寂然無思慮。又守之以一，養之以和，和理日濟，同乎大順，然後蒸以靈芝，潤以醴泉，晞以朝陽，綏以五絃，無爲自得，體妙心玄，忘歡而後樂足，遺生而後身存。若此以往，庶可與羨門比壽，王喬爭年，何爲其無有哉！

十四、《抱朴子》—東晉葛洪

△欲求神仙，唯當得其至要，至要者，在於寶精行氣，……其大要者，胎息而已。得胎息者，能不以鼻口噓吸，如在胞胎之中，則道成矣。初學行氣，鼻中引氣而閉之，陰以心數至一百二十，乃以口微吐之。吐之及引之，皆不欲令鼻聞其氣出入之聲，常令入多出少，以鴻毛著鼻口之上，吐氣而鴻毛不動爲候也。漸習轉增其心數，久久可以至千。至千則老者更少，日還一日矣。

△人復不可都絕陰陽，陰陽不交則坐致壅閼之病，故幽閉怨曠多病而不壽也。任情肆意，又

損年命，唯有其得節宣之和，可以不損。

△《仙經》：「養生以不傷爲本。」此要言也，神農曰：「百病不愈，安得長生！」才所不逮而困思之，傷也；力所不勝而強舉之傷也；悲哀憔悴，傷也；喜樂過差，傷也；汲汲所欲，傷也；久談言笑，傷也；寢息失時，傷也；挽弓引弩，傷也；沉醉嘔吐，傷也；飽食即臥，傷也；跳走喘乏，傷也；歡呼哭泣，傷也；陰陽不交，傷也。積傷至盡則早亡，早亡非道也。

△養生之方：唾不及遠，行不疾步，耳不極聽，目不久視，坐不至久，臥不及疲；先寒而衣，先熱而解；不欲極飢而食，食不過飽；不欲極渴而飲，飲不過多。凡食過則結積聚，飲過則成痰癖。不欲甚勞甚逸，不欲起晚，不欲汗流，不欲多睡，不欲奔車走馬，不欲極目遠望，不欲多啖生冷，不欲飲酒當風，不欲數數沐浴，不欲廣志遠願，不欲規造異巧；冬不欲極溫，夏不欲窮涼；不露臥星下，不眠中見肩，大寒、大熱、大風、大霧皆不欲冒之，五味入口，不欲偏多。故酸多傷脾，苦多傷肺，辛多傷肝，鹹多則傷心，甘多則傷腎，此五行自然之理也，凡言傷者，亦不便覺也，謂久則壽損耳。是以善攝生者，臥起有四時之早晚，興居有至和之常制，調和筋骨偃仰之方，杜疾閑邪有呑吐之術，流行營衛有補瀉之法，節宣勞逸有與奪之要，忍怒以全陰氣，抑喜以養陽氣。然後先將服草木以救虧缺，後服金丹以定無窮。長生之理，盡於此矣。

十五、《養生延命錄》──齊梁時代陶弘景所集

△列子曰：少不勤行，壯不競時，長而安貧，老而寡欲，閑心勞形，養生之方也。

△夫形生愚智，天也；強弱壽夭，人也。天道自然，人道自己。始而胎氣充實，生而乳食有餘，長而滋味有餘，壯而聲色有節者，強而壽；始而胎氣虛耗，生而乳食不足，長而滋味不足，壯而聲色自放者，弱而夭。生長全足，加之導養，年未可量。

△太史公司馬談曰：夫神在，生之本，形者，生之具也。神大用則竭，形大勞則斃。神形早衰，欲與天地長久，非所聞也。故人所以生者神也，神之所托者形也，神形離別則死，死者不可復生，離者不可復返，故乃聖人重之。

△《中經》曰：靜者壽，躁者夭。靜而不能養，減壽；躁而能養，延年。

△張湛養生集敘曰：養生大要：一曰嗇神，二曰愛氣，三曰養形，四曰導引，五曰言語，六曰飲食，七曰房室，八曰反俗，九曰醫藥，十曰禁忌。過此以往，義可略焉。

△仙人曰：罪莫大於淫，禍莫大於貪。咎莫大於讒。此三者禍之本，小則危身，大則危家。若欲延年少病者，誡勿施精，命夭殘；勿大溫，消骨髓；勿大寒，傷肌肉；勿咳唾，失肥液；勿卒呼，驚魂魄；勿久泣，神悲戚；勿恚怒，神不樂；勿念內，志恍惚，能行此道，可以長生。

十六、《顏氏家訓》—南北朝顏之推

△吾嘗患齒搖動欲落，飲食熱冷，皆苦疼痛。見《抱朴子》牢齒之法，早起叩齒三百下為良，行之數日即平愈，今恒持之。

△世人婚冠未學，便稱遲暮，因循面牆，亦為愚爾。幼而學者，如日出之光，老而學者，如秉燭夜行，猶賢乎瞑目而無見者也。

十七、《千金要方》、《千金翼方》—唐代孫思邈（享年一〇二歲）

△嵇康曰：「養生有五難：名利不去為一難，喜怒不除為二難，聲色不去為三難，滋味不絕為四難，神慮精散為五難。」五者必存，雖心希難老，口誦至言，咀嚼英華，呼吸太陽，不能不迴其操，不夭其年也。五者無於胸中，則信順日躋，道德日全，不祈善而有福，不求壽而自延，此養生之大旨也。

△眞人曰：「雖常服餌，而不知養性之術，亦難以長生也。」養性之道，常欲小勞，但莫大疲及強所不能堪耳。且流水不腐，戶樞不蠹，以其運動故也，養性之道，莫久行、久立、久坐、

久臥、久視，久聽，蓋以久視傷血，久臥傷氣，久立傷骨，久坐傷肉，久行傷筋也，仍莫強食，莫強酒，莫強舉重，莫憂思，莫大怒，莫悲愁，莫大懼，莫跳踉，莫多言，莫大笑，勿汲汲於所欲，勿悁悁懷忿恨，皆損壽命，若能不犯者，則得長生也。

△言語既慎，乃節飲食。是以善養性者，先饑而食，先渴而飲，食欲數而少，不欲頓而多，則難消也。常欲令如飽中饑饑中飽耳，蓋飽則傷肺，飢則傷氣，鹹則傷筋，酢則傷骨。故每學淡食，食當熟嚼，使米脂入腹，勿使酒脂入腸。食畢當漱口數過，令人牙齒不敗，口香。

△夫善養老者，非其書勿讀，非其聲勿聽，非其務勿行，非其食勿食。常宜食輕清甜淡之物，大小麥麵粳米等爲佳，又忌強用力咬嚙堅硬脯肉，反致折齒破斷之弊。人凡常不飢不飽不寒不熱，善。行住坐臥，言談語笑，寢食造次之間，能行不妄失者，則可延年益壽矣。

△平居不得嗔，不得大語、大叫、大用力、飲酒至醉並爲大忌。四時氣候和暢之日，量其時節寒溫，出門行三里二里，及三百二百步爲佳，量力而行，但勿令氣乏氣喘而已。親故鄰里來相訪問，攜手出遊百步，或坐，量力而行，宜談笑簡約，才得歡適，不可過度耳。

△人性非合道者，焉能無悶，悶則何以遣之？還須蓄數百卷書，易、老、莊子等，悶來閱之，殊勝悶坐。衣服但粗縵可禦寒暑而已，第一勤洗浣，以香霑之。身數沐浴，務令潔淨，則神安道勝也。

十八、《壽親養老新書》—宋代陳直著

△老人孤僻，易於傷感，才覺孤寂，便生鬱悶。養老之法，凡人平生爲性，各有好嗜之事，見即喜之。但以其平生偏嗜之物，時爲尋求，擇其精絕者布於左右，使其喜愛玩悅不已。老人衰倦，無所用心，若只令守家獨坐，自成滯悶。今見所好之物，自然用心於物上，欣賞戲玩，自以爲樂。

△安樂之道，惟善保養者得之。孟子曰：「我善養吾浩然之氣。」太乙眞人曰：「一者少言語養內氣，二者戒色欲養精氣，三者薄滋味養血氣，四者嚥津液養臟氣，五者莫嗔怒養肝氣，六者美飲食養胃氣，七者少思慮養心氣。」人由氣生，氣由神住，養氣全神，可得眞道，凡在萬形之中，所保者莫先於元氣，攝養之道，莫若守中實內以陶和，將護之方，須在閑日，安不忘危。聖人預戒，老人尤不可不慎也。春秋冬夏，四時陰陽，生病起於過用。五臟受氣，蓋有常分，不適其性而強云爲，用之過耗，是以病生。蓋養生者，保守眞元，外邪客氣不得而干之，至於藥餌，往往招徠眞氣之藥少，攻伐和氣之藥多。故善服藥者，不如善保養。

十九、《泰定養生主論》—元代王珪著

△蓋年老養生之道，不貴求奇，先當以前賢破幻之詩，洗滌胸中憂結，而名利不苟求，喜怒

不妄發，聲色不因循，滋味不耽嗜，神慮不邪思，無益之書莫讀，不急之務莫勞。

廿、《養生四要》—明代萬全著

△養生之法有四：曰寡欲、曰慎動、曰法時、曰卻疾。夫寡欲者，謂堅忍其性也；慎動者，謂保定其氣也；法時者，謂和於陰陽也；卻疾者，謂慎於醫藥也。堅忍其性，則不壞其根矣；保定其氣，則不疲其枝矣；和於陰陽，則不犯其邪矣，慎於醫藥，則不遇其毒矣。養生之要，何以加於此哉！

廿一、《醫先》—明代王文祿（自號沂陽生）著

△養生貴養氣，養氣貴養心，養心貴寡欲。寡欲以保元氣，則形強而神不罷，若形壞則神不存，神離則形不固。形譬燈缸盛油，神譬燈油燃火，搖翻燈缸則燈油瀉，炙乾燈油則燈缸裂。必形與神俱，即魂魄足，營衛調。夫營，血也；衛，氣也，氣以衛血，血以榮氣。歧伯曰：根於中者，命曰神機，神去則機息；根於外者，命曰氣立，氣止則化絕，沂陽生曰：神氣之旨，妙者在心，悟之而已。

廿二、《攝生三要》—明代袁了凡著

△攝生三要：聚精、養氣、存神。聚精之道：一曰寡欲、二曰節勞、三曰息怒、四曰戒酒、五曰慎味。養氣者須從調息起手。聚精在於養氣，養氣在於存神，神之於氣，猶母之於子也，故神凝則氣聚，神散則氣消，若寶惜精氣而不知存神，是茹其華而忘其根矣。

中國傳統養生文摘

一、《老子》

不見可欲，使民心不亂。是以聖人之治，虛其心，實其腹，弱其志，強其骨。常使民無知無欲。使夫智者不敢爲也。爲無爲，則無不治。《三章》

持而盈之，不如其已；揣而銳之，不可長保。金玉滿堂，莫之能守；富貴而驕，自遺其咎。功遂身退，天之道。《九章》

五色令人目盲；五音令人耳聾；五味令人口爽；馳騁畋獵，令人心發狂；難得之貨，令人行妨。是以聖人爲腹不爲目，故去彼取此。《十二章》

致虛極，守靜篤。萬物並作，吾以觀復。夫物芸芸，各復歸其根。歸根曰靜，是謂復命。復命曰常。知常曰明，不知常，妄作凶。知常容，容乃公，公乃全，全乃天，天乃道，道乃久。沒身不殆。《十六章》

見素抱樸，少私寡欲。《十九章》

人法地，地法天，天法道，道法自然。《二十五章》

重爲輕根，靜爲躁君。輕則失根，躁則失君。《二十六章》

是以聖人去甚，去奢，去泰。《二十九章》

物壯則老，是謂不道。不道早已。《三十章》

不失其所者久，死而不亡者壽。《三十三章》

名與身孰親？身與貨孰多？得與亡孰病？是故甚愛必大費，多藏必厚亡。知足不辱，知止不殆，可以長久。《四十四章》

靜勝躁，寒勝熱，清靜爲天下正。《四十五章》

禍莫大於不知足；咎莫大於欲得。故知足之足，常足矣。《四十六章》

出生入死、生之徒十有三，死之徒十有三，人之生，動之死地，亦十有三。夫何故？以其生生之厚。蓋聞善攝生者，陸行不遇兕虎，入軍不被兵甲。兕無所投其角，虎無所措其爪，兵無所容其刃，夫何故？以其無死地。《五十章》

天下有始，以爲天下母。既得其母，以知其子；既知其子，復守其母，沒身不殆。塞其兌，閉其門，終身不勤；開其兌，濟其事，終身不救。見小曰明，守柔曰強。用其光，復歸其明，無遺身殃。是謂習常。《五十二章》

含德之厚，比於赤子。毒蟲不螫，猛獸不據，攫鳥不搏。骨弱筋柔而握固，未知牝牡之合而朘作，精之至也。終日號而不嗄，和之至也。知和曰常，知常曰明。益生曰祥。心使氣曰強。物壯則老，是謂不道，不道早已。《五十五章》

治人，事天，莫若嗇。夫唯嗇，是以早服，早服謂之重積德；重積德則無不克；無不克則莫知其極。……謂之深根固柢，長生久視之道。《五十九章》

我有三寶，持而保之。一曰慈，二曰儉，三曰不敢爲天下先。慈故能勇，儉故能廣，不敢爲天下先，故能成器長。《六十七章》

知，不知，上；不知，知，病。聖人不病，以其病病。夫唯病病，是以不病。《七十一章》

人之生也柔弱，其死也堅強。萬物草木之生也柔脆，其死也枯槁。故堅強者死之徒，柔弱者生之徒。《七十六章》

〔按語〕：作者老子，姓李，名耳，字聃。約生於春秋末期（約公元前五七〇年左右）。楚國苦縣（今河南鹿邑東）人，思想家。老子的養生思想主張順乎自然，清靜無爲；致虛極，守靜篤；知足常樂。認爲靜勝躁，益生曰祥，反對生生之厚，奉養過度。

二、《莊子》

庖丁爲文惠君解牛，手之所觸，肩之所倚，足之所履，膝之所踦，砉然嚮然，奏刀騞然，莫不中音，合於桑林之舞，乃中經首之會。

文惠君曰：「嘻，善哉！技蓋至此乎？」

庖丁釋刀對曰：「臣之所好者道也，進乎技矣。始臣之解牛之時，所見無非牛者。三年之後，未嘗見全牛也。方今之時，臣以神遇而不以目視，官知止而神欲行，依乎天理，批大郤，導大窾，因其固然。技經肯綮之未嘗，而況大軱乎！良庖歲更刀，割也；族庖月更刀，折也。今臣之刀十九年矣，所解數千牛矣，而刀刃若新發於硎。彼節者有閒，而刀刃者無厚；以無厚入有閒，恢恢乎其於遊刃必有餘地矣，是以十九年而刀刃若新發於硎。雖然，每至於族，吾見其難爲，怵然爲戒，視爲止，行爲遲。動刀甚微，謋然已解，如土委地。提刀而立，爲之四顧，爲之躊躇滿志，善刀而藏之。」

文惠君曰：「善哉！吾聞庖丁之言，得養生焉。」《養生主》

其嗜欲深者，其天機淺。《大宗師》

吹呴呼吸，吐故納新，熊經鳥申，爲壽而已矣。此道引之士，養形之人，彭祖壽考者之所好也。

夫恬淡寂寞，虛無無爲，此天地之平而道德之質也。故曰：聖人休休焉則平易矣，平易則恬淡矣。平易恬淡，則憂患不能入，邪氣不能襲，故其德全而神不虧。

形勞而不休則弊，精用而不已則勞，勞則竭。水之性，不雜則清，莫動則平；鬱閉而不流，亦不能清；天德之象也。故曰：純粹而不雜，靜一而不變，淡而無爲，動而以天行，此養神之道

也。《刻意》

人之所取畏者，衽席之上，飲食之間，而不知爲之戒者，過也。《達生》

聞吾子達於至道，敢問：「治身奈何而可以長久？」廣成子蹶然而起曰：「善哉問乎！來！吾語汝至道。至道之精，窈窈冥冥；至道之極，昏昏默默。無視無聽，抱神以靜，形將自正。必靜必清，無勞女形，無搖女精，乃可以長生。目無所見，耳無所聞，心無所知，女神將守形，形乃長生。愼女內，閉女外，多知爲敗。」《在宥》

貴富顯嚴名利六者，勃志也；容動色理氣意六者，謬心也；惡欲喜怒哀樂六者，累德也；去就取與知能六者，塞道也。此四六者不盪胸中則正，正則靜，靜則明，明則虛，虛則無爲而無不爲也。《庚桑楚》

且夫失性有五：一曰五色亂目，使目不明；二曰五聲亂耳，使耳不聽；三曰五臭薰鼻，困惾中顙；四曰五味濁口，使口厲爽；五曰趣舍滑心，使性飛揚。此五者，皆生之害也。《天地》

夫虛靜恬淡寂漠無爲者，天地之平而道德之至，故帝王聖人休焉。休則虛，虛則實，實則倫矣。虛則靜，靜則動，動則得矣。靜則無爲，無爲也則任事者責矣。無爲則俞俞，俞俞者憂患不能處，年壽長矣。夫虛靜恬淡寂漠無爲者，萬物之本也。《天道》

〔按語〕：作者莊子（約公元前三六九—前二八六年），名周，字子休，戰國宋睢陽蒙邑（今河南商丘縣東北）人，哲學家。他繼老子之後，發揚道家思想。他的養生思想主要爲：提倡清靜無爲，以保形體。即「抱神以靜，形將自正。」庖丁解牛的故事，意在說明順乎自然，形神兼養。尤其要注意枕席之上與飲食之間，有所節制，才符合養生之道。

三、《論語》

知者樂水，仁者樂山；知者動，仁者靜；知者樂，仁者壽。《雍也》

吾十有五而志於學，三十而立，四十而不惑，五十而知天命，六十而耳順，七十而從心所欲，不踰矩。《爲政》

葉公問孔子於子路，子路不對。子曰：「女奚不曰：其爲人也，發憤忘食，樂以忘憂，不知老之將至云爾。」《述而》

君子有三戒：少之時，血氣未定，戒之在色。及其壯也，血氣方剛，戒之在鬥。及其老也，血氣既衰，戒之在得。《季氏》

若夫智士仁人，將身有節，動靜以義，喜怒以時，無害其性，雖得壽焉，不亦宜乎。《孔子家語・五儀解》

食不厭精，膾不厭細。食饐而餲，魚餒而肉敗，不食。色惡不食，臭惡不食，失飪不食，不時不食。割不正不食，不得其醬不食。肉雖多，不使勝食氣。惟酒無量不及亂。沽酒市脯不食。不撤薑食，不多食。祭於公，不宿肉。祭肉不出三日，出三日，不食之矣。食不語，寢不言。

《鄉黨》

〔按語〕：孔子（公元前五五一—前四七九年），名丘，字仲尼，春秋末期魯國陬邑（今山東曲阜東南）人。著名思想家，教育家。《論語》由其學生輯其平時言語而成。孔子提倡飲食衛生，並從少、壯、老三階段不同的身心狀況，提出不同的養生之道。

四、《孟子》

養心莫善於寡欲。《盡心・下》

富貴不能淫，貧賤不能移，威武不能屈，此之謂大丈夫。《滕文公・下》

魚，我所欲也；熊掌，亦我所欲也。二者不可得兼，舍魚而取熊掌者也。生，亦我所欲也；義，亦我所欲也，二者不可得兼，舍生而取義者也。生，亦我所欲，所欲有甚於生者，故不爲苟得也。死，亦我所惡，所惡有甚於死者，故患有所不避也。如使人之所欲，莫甚於生，則凡可以得生者，何不用也。使人之所惡，莫甚於死者，則凡可以避患者，何不爲也？《告子》

堂高數仞，榱題數尺，我得志弗爲也。食前方丈，侍妾數百人，我得志弗爲也。般樂飲酒，驅騁田獵，後車千乘，我得志弗爲也。《盡心・下》

〔按語〕：作者孟子（約公元前三七二—前二八九年），名軻，字子輿，鄒（今山東鄒縣東南）人。戰國時期思想家。他的養生思想主要爲：提倡清心寡欲，養生而不苟生。

五、《管子》

虛其欲，神將入舍，掃除不潔，神乃留處。

君子不怵乎好，不迫乎惡，恬愉無爲，去智與故。其應也，非所設也，其動也，非所取也，過在自用，罪在變化。是故有道之君，其處也若無知，其應物也若偶之，靜因之道也。心之在體，君之位也，九竅之有職官之分也。耳目者，視聽之官也，心而無與於視聽之事，則官得守其分矣。夫心有所欲者，物過而目不見，聲至而耳不聞也，故曰上離其道，不失其事，故曰心術者無爲而制竅者也。

躁者不靜，靜則能制動矣。

人之所職者精也，去欲則宣，宣則靜矣，靜則精，精則獨立矣。獨則明，明則神矣，神者，至貴也。

心也者，智之舍也，故曰宮。潔之者去好過也；門者謂耳目也，耳目者所以聞見也，物固有形，形固有名，此言不得過實，實不得延名。

君子恬愉無爲，去智與故，言虛素也，不虛則仵於物矣。《心術上》

天主正，地主平，人主安靜。春秋冬夏天之時也，山陵川谷地之枝也，喜怒取予人之謀也，是故聖人與時變而不化，從物而不移。能正能靜然後能定，定心在中，耳目聰明四肢堅固，可以爲精舍。精也者氣之精者也，氣道乃生，生乃思，思乃知，知乃止矣。凡心之形，過知失生。一物能化謂之神，一事能變謂之智，化不易氣，變不易智，惟執一君子能爲此乎？執一不失能君萬物，君子使物不爲物使，得一之心治心在於中。神明之極照乎知，萬物中義守不忒，不以物亂官，不以官亂心，是謂中得。

我心治，官乃治，我心安，官乃安。治之者心也，安之者心也，心以藏心，心之中又有心焉。彼心之心，音以先言，音然後形，形然後言，言然後使，使然後治。不治必亂，亂乃死。精存自生，其外安榮，內藏以爲泉源，浩然和平以爲氣淵，淵之不涸，四體乃固，泉之不竭，九竅遂通，乃能窮天地，被四海，中無惑意，外無邪災，心全於中，形全於外，不逢天災，不遇人害，謂之聖人。

四體既正，血氣既靜，一意摶心，耳目不淫，雖遠若近，思索生知。慢易生憂，暴傲生怨，憂鬱生疾，疾困乃死。思之而不捨，內困外薄，不早爲圖，生將巽舍。食莫若無飽，思莫若勿致，節適之齊，彼將自至。凡人之生也，天出其精，地出其形，合此以爲人，和乃生，不和不生。察和之道，其精不見，其徵不醜，平正擅匈，論治在心，此以長壽。忿怒之失度，乃爲之圖，節其五欲，去其二凶，不喜不怒，平正擅匈。

凡人之生也，必以平正，所以失之，必以喜怒憂患。是故止怒莫若詩，去憂莫若樂，節樂莫若禮，守禮莫若敬，守敬莫若靜。內靜外敬，能反其性，性將大定。

凡食之道，大充傷而形不臧，大攝骨枯而血沍，充攝之間，此謂和成。精之所舍而知之所生，飢飽之失度乃爲之圖。飽則疾動，飢則廣思，老則長慮。飽不疾動，氣不通於四末，飢不廣思，飽而不廢，老不長慮，困乃遬竭。大心而敢，寬氣而廣，其形安而不移，能守一而棄萬苛。見利不誘，見害不懼，寬舒而仁，獨樂其身，是謂雲氣，意行似天。

凡人之生也，必以其歡，憂則失紀，怒則失端，憂悲喜怒，道乃無處。愛慾靜之，遇亂正之，勿引勿推，福將自歸，彼道自來，可藉與謀。靜則得之，躁則失之。靈氣在心，一來一逝，其細無內，其大無外，所以失之，以躁爲害。心能執靜，道將自定。得道之人，理丞而屯泄，匈中無敗，節欲之道，萬物不害。《內業》

〔按語〕：管仲（？—公元前六四五年）名夷吾，字仲，春秋初期政治家，穎上（今安徽穎上縣）人。他的養生思想主要爲：⑴認爲「凡人之生也，必以平正」，即以「平正」養生，包括樂觀端正，節五欲，去二凶，去好過等；⑵主張虛靜、恬愉以養心神。只有「去欲則宣，宣則靜矣，靜則精，精則獨立矣；獨則明，明則神矣。」虛靜方能「內藏以爲泉源之不竭」；⑶認爲「靜勝躁」，「靜則得之，躁則失之」；⑷提倡「老則長慮」，若「老不長慮，困乃遬渴」。也即老人如不經常動腦思考，就會很快變得呆頓，促使衰老。

六、《子華子》

全生者爲上，虧生者次之，死次之，迫生斯爲下矣。所謂全生者，六欲皆得宜也，所謂虧生者，六欲分得其宜也。夫虧生則於所尊者薄矣，其虧彌甚，則其尊彌薄。所謂死者，無有所知而復其未生也，所謂迫生者，六欲莫得其宜也，皆獲其所惡者也。辱莫大於不義，不義者迫生也，故曰：迫生不如死。《陽城胥渠問》

醫者，理也；理者，意也。藥者瀹也，瀹者養也。臟腑之伏也，血氣之留也，空竅之塞也，關鬲之礙也，意其所未然也，意其所將然也。……以其所有餘也，而養其所乏也；以其所益多也，而養其所損也。反其所養，則益者彌損矣；反其所養，則有餘者彌乏矣。

至於智則所以持矣，知所以持則知所以養矣。營衛之行，無矢厥常，六腑化穀，津液布揚，故能久長而不弊。流水之不腐，以其逝故也；戶樞不蠹，以其運故也。是以精止則滯，神惛則伏，魂拘則沉，魄散則耗，心忮則惑，志鬱則陷，意營則罔，思澀則殆，慮殫則蒙，智礙則愚。故所謂持者，持此者也；所謂養者，養此者也。《北宮意問》

〔按語〕：子華子，戰國時期哲學家，魏國人。養生方面主張：⑴六欲皆得其宜；⑵認爲正常生理「營衛之行，無失厥常，六腑化穀，津液布揚，故能長久而不弊」，主張以動養生，以疏通氣血爲養生的觀點。⑶藥治當「損有餘，補不足」，如「反其所養」，危害非淺。

七、《韓非子》

神不淫於外則身全。

故視強則目不明，聽甚則耳不聰，思慮過度則知識亂，……所謂治人者，適動靜之節，省思慮之費也，所謂事天者，不極聰明之力，不盡智識之任。苟極盡則費神多，費神多則盲聾悖狂之禍至，是以嗇之。嗇之者，愛其精神，嗇其智識也。故曰：「治人事天莫如嗇。」

衆人之用神也躁，躁則多費，多費之謂侈。聖人之用神也靜，靜則少費，少費之謂嗇。

聖人愛精神而貴處靜。

聖人愛寶其神則精盛。

民少欲則血氣治，血氣治而舉動理，舉動理則少禍害。《解老》

〔按語〕：作者韓非（約公元前二八〇—前二三三年），戰國末期思想家。在養生方面主張：⑴虛靜少欲，「靜則少費，少費之謂嗇」。認為虛靜少欲則血氣治，使生理功能正常，智慧不衰；⑵在靜的基礎上，動靜結合以養神；⑶防止過用病生；⑷防微杜漸，早期治療。

八、《呂氏春秋》

是故聖人之於聲色滋味也，利於性則取之，害於性則舍之，此全性之道也。世之貴富者，其於聲色滋味也多惑者，日夜求幸而得之則遁焉。遁焉，性惡得不傷？萬人操弓共射一招，招無不中。萬物章章以害一生，生無不傷；以便一生，生無不長。故聖人之制萬物也，以全其天也。天全則神和矣，目明矣，耳聰矣，鼻臭矣，口敏矣，三百六十節皆通利矣。

出則以車，入則以輦，務以自佚，命之曰召蹶之機；肥肉厚酒，務以自強，命之曰爛腸之食；靡曼皓齒，鄭衛之音，務以自樂，命之曰伐性之斧。三患者，貴富之所致也。故古之人有不肯貴富者矣，由重生故也。非夸以名也，爲其實也。則此論之不可不察也。《本生》

凡生之長也，順之也。使生不順者，欲也。故聖人必先適欲。室大則多陰，臺高則多陽；多陰則蹶，多陽則痿，此陰陽不適之患也。是故先王不處大室，不爲高臺，味不衆珍，衣不燀熱。燀熱則理塞，理塞則氣不達。味衆珍則胃充，胃充則中大鞔，中大鞔而氣不達。以此長生，可得乎？昔先聖王之爲苑囿園池也，足以觀望勞形而已矣；其爲宮室臺榭也，足以辟燥濕而已矣；其爲輿馬衣裘也，足以逸身煖骸而已矣；其爲飲食酏醴也，足以適味充虛而已矣；其爲聲色音樂也，足以安性自娛而已矣。五者，聖王之所以養性也，非好儉而惡費也，節乎性也。《重己》

天生人而使有貪有欲。欲有情，情有節。聖人修節以止欲，故不過行其情也。故耳之欲五聲，目之欲五色，口之欲五味，情也。此三者，貴賤、愚智、賢不肖，欲之若一，雖神農黃帝其與桀紂同。聖人之所以異者，得其情也。由貴生動則得其情矣，不由貴生動則失其情矣。此二者死生存亡之本也。

古人得道者生以壽長，聲色滋味能久樂之，奚故？論早定也。論早定則知早嗇，知早嗇則精不竭。秋早寒則冬必煖矣，春多雨則夏必旱矣，天地不能兩而況於人類乎！人之與天地也同，萬物之形雖異，其情一體也。故古之治身與天下者，必法天地也。《情欲》

何謂去害？大甘、大酸、大苦、大辛、大鹹，五者充形則生害矣；大喜、大怒、大憂、大恐、大哀，五者接神則生害矣；大寒、大熱、大燥、大濕、大風、大霖、大霧，七者動精則生害矣。故凡養生，莫若知本，知本則疾無由至矣。

精氣之來也，因輕而揚之，因走而行之，因美而食之，因長而養之，因智而明之。流水不腐，戶樞不蠹，動也。形氣亦然。形不動則精不流，精不流則氣鬱。

凡食無強厚味，無以烈味重酒，是以謂之疾首。食能以時，身必無災。凡食之道，無飢無飽，是以謂五臟之葆。口必甘味，和精端容，將之以神氣。百節虞歡，咸進受氣。飲必小咽，端直無戾。

凡事之本，必先治身，嗇其大寶。用其新，棄其陳，腠理遂通。精氣日新，邪氣盡去，及其天年。此之謂眞人。《先己》

四欲之得也，在於勝理。勝理以治身則生全，以生全則壽長矣。《適音》

寒溫勞逸飢飽，此六者非適也。凡養也者，瞻非適而以之適者也。能以久處其適，則生長矣。生也者，其身固靜，惑而後知，或使之也，遂而不返，制乎嗜欲，制乎嗜欲無窮，則必失其

天矣。《侈樂》

〔按語〕：《呂氏春秋》又名《呂覽》，爲戰國末期秦相呂不韋及其門客編寫，其養生主張：⑴取利去害，當制欲；⑵養生莫若知本，知本則疾無由至矣。⑶防止各種過用，主「適」與「節」。⑷以動養形，使精氣不鬱。

九、《淮南子》

人大怒破陰，大喜墜陽，薄氣發瘖，驚怖爲狂，憂悲多恚，病乃成積，好憎繁多，禍乃相隨。故心不憂樂，德之至也；通而不變，靜之至也；嗜欲不載，虛之至也；無所好憎，平之至也；不與物散，粹之至也。能此五者，則通於神明，通於神明者，得其內者也。是故以中制外，百事不廢，中能得之，則外能收之。中之得，則五臟寧，思慮平，筋力勁強，耳目聰明，疏達而不悖。……其魂不躁，其神不嬈。

夫精神氣志者，靜而日充者以壯，躁而日耗者以老。是故聖人將養其神，和弱其氣，平夷其形，而與道沉浮俯仰。《原道訓》

夫聖人量腹而食，度形而衣，節於己而已，貪污之心奚由生哉！

靜漠恬澹，所以養性也；和愉虛無，所以養德也。外不滑內則性得其宜，性不動和則德安其位，養生以經世，抱德以終年，可謂能體道矣！若然者，血脈無鬱滯，五臟無蔚氣。《俶眞訓》

人之耳目曷能久熏勞而不息乎？精神何能久馳騁而不既乎？是故血氣者人之華也，而五臟者人之精也。夫血氣能專於五臟而不外越，則胸腹充而嗜欲省矣。胸腹充而嗜欲省，則耳目清聽視達矣。耳目清聽視達謂之明，五臟能屬於心而無乖，則𣃁教志勝，則行不僻矣。教志勝而行之不僻，則精神盛而氣不散矣。精神盛而氣不散則理，理則均，均則通，通則神。神則以視無不見，以聽無不聞也，以為無不成也，是故憂患不能入也，而邪氣不能襲。

夫孔竅者精神之戶牖也，而氣志者五臟之使候也。耳目淫於聲色之樂，則五臟搖動而不定矣。五臟搖動而不定，則血氣滔蕩而不休矣。血氣滔蕩而不休，則精神馳騁於外而不守矣。精神馳騁於外而不守，則禍福之至雖如丘山無由識之矣。使耳目精明玄達而無誘慕，氣志虛靜恬愉而省嗜欲，五臟定寧充盈而不泄，精神內守形骸而不外越，則望於往世之前，而視於來事之後，猶未足為也，豈直禍福之間哉！故曰其出彌遠者，其知彌少。

夫精神之不可使外淫也，是故五色亂目，使目不明；五聲嘩耳，使耳不聰；五味亂口，使口爽傷；趣舍滑心，使行飛揚。此四者，天下之所養性也，然皆人累也。故曰嗜欲者使人之氣越，而好憎者使人之心勞，弗疾去則志氣日耗。夫人之所以不能終其壽命而中道夭於刑戮者，何也？以其生生之厚。夫唯能無以生為者，則所以修得生也。《精神訓》

聖人勝心，衆人勝欲；君子行正氣，小人行邪氣。內便於性，外合於義，循理而動，不繫於物者，正氣也。重於滋味，淫於聲色，發於喜怒，不顧後患者，邪氣也。邪與正相傷，欲與性相害，不可兩立，一置一廢，故聖人損欲而從事於性。目好色，耳好聲，口好味，接而說之，不知利害，嗜欲也。食之不寧於體，聽之不合於道，視之不便於性，三官交爭，以義爲制者，心也。割痤疽非不痛也，飲毒藥非不苦也，然而爲之者，便於身也。渴而飲水非不快也，飢而大餐非不澹也，然而弗爲者，害於性也。此四者，耳目鼻口不知所取去，心爲之制，各得其所。由是觀之，欲不可勝明矣！

凡治身養性，節寢處，適飲食，和喜怒，便動靜，使在已者得而邪氣因而不生。《詮言訓》

〔按語〕：作者爲西漢淮南王劉安（公元前一七九—前一二二年）及其門客。劉安是劉邦之孫。養生方面主張：⑴虛靜恬愉而省嗜欲，認爲「夫精神氣志者，靜而日充者以壯，躁而日耗者以老」，可見「靜」乃是核心；⑵「大怒破陰，大喜墜陽」，已認識到過用病生的發病觀；⑶環境與健康體質有關。

十、《論衡》

凡人稟命有二品，一曰所當觸值之命，二曰強弱壽夭之命。所當觸值，謂兵燒壓溺也；強壽弱夭，謂稟氣渥薄也。兵燒壓溺，遭以所稟爲命，未必有審期也。若夫強弱夭壽，以百爲數。不至百者，氣自不足也。夫稟氣渥則其體強，體強則其命長；氣薄則其體弱，體弱則命短，命短則多病壽短。始生而死，未產而傷，稟之薄弱也。渥強之人，必卒其壽。若夫無所遭遇，虛居困劣，短氣而死，此稟之薄，用之竭也。此與始生而死，未產而傷，一命也。皆由稟氣不足，不自致於百也。

人之稟氣，或充實而堅強，或虛劣軟弱。充實堅強，其年壽；虛劣軟弱，失棄其身。天地生物，物有不遂；父母生子，子有不就。物有爲實，枯死而墮，人有爲兒，夭命而傷。使實不枯，亦至滿歲；使兒不傷，亦至百年。然爲實，兒而死枯者，稟氣薄，則雖形體完，其虛劣氣少，不能充也。兒生，號啼之聲鴻朗高暢者壽，嘶喝濕下者夭。何則？稟壽夭之命，以氣多少爲主性也。婦人疏字者子活，數乳者子死。何則？疏而氣渥，子堅強；數而氣薄，子軟弱也。懷子而前已產子死，則謂所懷不活。名之曰懷，其意以爲已產之子死，故感傷之，子失其性矣。所產子死，所懷子凶者，字乳亟數，氣薄不能成也。雖成人形體，則易感傷，獨先疾病，病獨不治。

非天有長短之命，而人各有稟受也。太平之時，人民侗長百歲左右，氣和之所生也。……聖人稟和氣，故年命得正數，氣和爲治平，故太平之世多長壽人。百歲之壽，蓋人年之正數也，猶物至秋而死，物命之正期也。物先秋後秋，則亦如人死或增百歲或減百也。先秋後秋爲期，增百減百爲數。物或出地而死，猶人始生而夭也。物或逾秋不死，亦如人年多度百至於三百也。傳稱老子二百餘歲，邵公百八十，高宗享國百年，周穆王享國百年，並未享國之時，皆出百三十四十歲矣。《氣壽》

養氣自守，適食則久，閉明塞聰，愛精自保。適輔服藥引導，庶冀性命可延。斯須不老，既

晚無還，垂書示後？惟人性命，長短有期，人亦蟲物，生死一時。《自紀》

〔按語〕：作者王充（公元二七—約九七年），字仲任，會稽上虞（今屬浙江）人。東漢哲學家。其養生觀點主要爲：⑴先天稟氣之渥薄與體質強弱、壽夭有關，即父母之氣強弱與子女強弱壽夭有關；⑵生育過密，亦致稟氣薄弱；妊娠時情緒感傷，也影響子女健康；⑶嬰兒之氣強弱可以從嬰兒啼哭聲辨別；⑷主張「養氣自守，愛精自保，適輔服藥引導」，以延年益壽。

十一、《養生要集》

少思、少念、少欲、少事、少語、少笑、少愁、少樂、少喜、少怒、少好、少惡。行此十二少，養生之都契也。多思則神殆，多念則志散，多欲則損智，多事則神疲，多語則氣爭，多笑則傷臟，多愁則心懾，多樂則意溢，多喜則妄錯昏亂，多怒則百脈不定，多好則專迷不治，多惡則焦煎無歡。此十二多不除，傷生之本，無少無多者，幾於眞人也。《小有經》

齒，骨之窮也，朝朝琢齒，齒不齲。

食畢當漱口數過，不爾令人病齒齲。

髮，血之窮也，千過梳髮，髮不白。

冬季棉衣稍宜晚著，仍漸漸加厚，不得頓溫。此乃將息之妙矣。

食不欲過飽，故道士先渴而飲也。

晚飯少吃口，活到九十九。

飯後不宜飲水，飽食不可疾走。《中經》

〔按語〕：作者張湛，字處度，高平（今山東金鄉西北）人，東晉學者。本書保存不少漢代養生方法。其養生思想爲：⑴防止過用生病；⑵主服氣法；⑶提出了日常生活中簡便可行之養生方法。

十二、《天隱子》

人生時稟得靈氣，精明通悟，學無滯塞，則謂之神。宅神於內，遺照於外，自然異於俗人，則謂之神仙。故神仙亦人也，在於修我靈氣，勿爲世俗所淪污，遂我自然，勿爲邪見所凝滯，則成功矣。《神仙》

《易》有漸卦，道有漸門，人之修眞達性，不能頓悟，必須漸而進之，安而行之，故設漸門，觀我所入，則道可見矣。漸有五門，一曰齋戒，二曰安處，三曰存想，四曰坐忘，五曰神解。何謂齋戒？曰澡身虛心。何謂安處？曰深居靜室。何謂存想？曰收心復性。何謂坐忘？曰遺形忘我。何謂神解？曰萬法通神。是故習此五漸之門者，習一則漸次至二，習二則漸次至三，習三則漸次至四，習四則漸次至五，神仙成矣。《漸門》

齋戒者，非蔬茹飲食而已，澡身者，非湯浴去垢而已。蓋其法在乎節食調中，摩擦暢外者也。夫人稟五行之氣，而食五行之物，實自胞胎有形，已呼吸精血，豈可去食而求長生？但世人不知休糧服氣是道家之權宜，非永絕粒食之謂也。故食之有齋戒者，齋乃潔淨之務，戒乃節約之稱。有饑即食，食勿令飽，此所謂調中也。百味未成熟勿食，五味太多勿食，腐敗閉氣之物勿食，此皆宜戒也。手常皮膚，溫熱熨去冷氣，此所謂暢外也。久坐、久立、久勞、久役，皆宜戒也。此是調理形骸之法。形堅則氣全，是以齋戒爲漸門之首矣。《齋戒》

何謂安處？曰非華堂、邃宇、重裀、廣榻之謂也。在乎南向而坐，東首而寢，陰陽適中，明暗相半。屋無高，高則陽盛而明多，屋無卑，卑則陰盛而暗多。故明多則傷魄，暗多則傷魂。人之魂陽而魄陰，苟傷明暗則疾病生焉，此所謂居處之室尚使之然，況天地之氣有亢陽之攻肌，淫陰之侵體，豈可不防慎哉！修養之漸，倘不法此，非安處之道。術曰：吾所居室，四邊皆窗戶，遇風即闔，風息即闓；吾所居座，前簾後屏，太明即下簾以和其內暗，太暗則捲簾以通其外耀。內以安心，外以安目，心目皆安，則身安矣。明暗尚然，況太多事慮，太多情欲，豈能安其內外哉。故學道以安處爲次。《安處》

存謂存我之神，想謂想我之身。閉目即見自己之目，收心即見自己之心，心與目皆不離我身，不傷我神，則存想之漸也。凡人目終日視他人，故心亦逐外走；終日接他事，故目亦逐外瞻。營營浮光，未嘗復照，奈何不病且夭邪？是以歸根曰靜，靜曰復命、成性，存存衆妙之門，此存想之漸，學道之功半矣。《存想》

坐忘者，因存想而得，因存想而忘也。行道而不見其行，非坐之義乎？有見而不行其見，非忘之義乎？何謂不行？曰心不動故。何謂不見？曰形都泯故。或問曰：何由得心不動？天隱子默而不答。又問：何由得形都泯？天隱子瞑而不視。或者悟道而退曰：道果在我矣，我果何人哉？天隱子果何人哉？於是彼我兩亡，了無所照。《坐忘》

齋戒謂之信解，安處謂之閑解，存想謂之慧解，坐忘謂之定解。信、閑、慧、定四門通神，謂之神解。故神之爲義，不行而至，不疾而速，陰陽變通，天地長久。兼三才而言，謂之《易》，齊萬物而言，謂之道德，本一性而言，謂之眞如。入於眞如，歸於無爲。故天隱子生乎《易》中，死乎《易》中，動因萬物，靜因萬物。邪由一性，眞由一性。是以生、死、動、靜、邪、眞，皆以神而解之。在人謂之人仙，在天曰天仙，在地曰地仙，在水曰水仙，能通變之曰神仙。故神仙之道有五，其漸學之門則一焉。《神解》

〔按語〕：作者司馬承禎（公元六四七或六五五—七三五年），字子微，號白雲子，河內溫縣（今屬河南）人，唐代道士。他的養生思想：⑴認爲神仙是人。「漸而進之，安而行之」，即所謂「漸門」，乃是成神仙的訣竅；⑵主張靜以養神，動以養形；⑶防止過用病生。

十三、《泰定養生主論》

蓋年老養生之道，不貴求奇，先當以前賢破幻之詩，洗滌胸中憂結，而名利不苟求，喜怒不妄發，聲色不因循，滋味不耽嗜，神慮不邪思，無益之書莫讀，不急之務莫勞。

大抵桑榆之景，勞逸不同，蓋勞心者甚於勞力者耳。善爲心王者，勞亦如是，逸亦如是，如人飲水，冷暖自知也。人年五十者，精力將衰，大法當二十日一次施泄；六十者當閉固勿泄也，如不能持者，一月一次施泄。過此皆常情也，不足爲法。

〔按語〕：作者王珪，字逸人，號洞虛子，元代著名道家和養生家。

十四、《養生四要》

養生之法有四：曰寡欲，曰慎動，曰法時，曰卻疾。夫寡欲者，謂堅忍其性也；慎動者，謂保定其氣也；法時者，謂和於陰陽也；卻疾者，謂慎於醫藥也。堅忍其性，則不壞其根矣；保定其氣，則不疲其枝矣；和於陰陽，則不犯其邪矣；慎於醫藥，則不遇其毒矣。養生之要，何以加於此哉！

人之性常靜，動處是情，人之性未有不善，乃若其情則不善矣。心純性靜，吾儒存心養性，老氏修心煉性，佛氏明心見性，正養此心，使之常清常靜，常爲性情之主。人身之中，只有此心便是一身之主，所謂視聽言動者，此心也。故心常清靜則神安，神安則七神皆安，以此養生則壽，沒世不殆。心勞則神不安，神不安則精神皆危，使道閉塞而不通，形乃大傷，以此養生則殃。

暴喜傷心，暴怒傷肝，暴恐傷腎，過哀傷肺，過思傷脾，謂之五傷。

視過損明，語過損氣，思過損神，欲過損精，謂之四損。

人有耳目口鼻之欲，行住坐臥之勞，雖有所傷，猶可治也。惟五志之發，其烈如火，七情之發，無能解於其懷，此神思之病，非自已樂天知命者，成敗利鈍置之度外，不可治也。

息者氣也，人物之生莫不有竅爲之出入也，惟口鼻之氣有出有入，人皆知之。若目之氣泄於視，耳之氣泄於聽，前後二陰之氣泄於便溺，玄府之氣泄於沛空，人則不知也。故儉其視聽，節其飲食，避其風寒，此調氣之要也，豈特調其呼吸而已哉！善養生者，必知養氣。能養氣者，可以長生。故調氣者，順其氣也；服其氣者，納其氣也；伏其氣者，閉其氣也，皆曰養氣。

生藥三品，神、氣與精。夫太虛之謂神，生生之謂氣，象形之謂精。今人之有身，由父母之媾精所生也。陽精隨氣以運動，陰精藏神而固守，內外交養，動靜互根，神依氣，氣依精，精歸氣，氣歸神，故能神與形俱，與天地悠久也，此之謂上藥。五穀爲養，五畜爲助，五菜爲充，五果爲益。精不足者溫之以氣，形不足者補之以味。故亦可以形體不敝，精神不散，益壽而以百數，此之謂中藥。水土金石草木昆蟲，氣味合而服之，可以攻邪也，如辛涼之藥以攻風邪，可使正復，此之謂下藥。今人棄上藥而不求，餌中藥而不知，至於有病以下藥爲良劑，舍爾靈龜，觀我朶頤，無怪乎斯民之不壽也。

善養生者，當知五失：不知保身，一失也；病不早治，二失也；治不擇疾，三失也；喜峻藥攻，四失也；信巫不信醫，五失也。

無極之眞，二五之精，妙合而凝，以成男成女者，元氣也。五穀爲養，五果爲助，五蓄爲益，五菜爲充者，穀氣也。腎爲元氣之根，脾胃爲穀氣之主，故修眞之士，所謂先天之氣眞水眞火者，即此元氣也；所謂眞土爲刀圭者，即此穀氣也。圭者，戊己二土也；刀者，脾之形象也，澄心靜慮，惜精愛氣者，所以養此元氣也。飲食必節，起居必時者，所以養此穀氣也。無元氣則化滅，無穀氣則神亡，二者當相交養也。古人製參苓白朮散，謂補助脾胃，此藥最妙，今作丸劑，與前滋陰大補相間服之尤佳。

〔按語〕：作者萬全（密齋），明代醫學家，養生家。在養生方面，他主張「寡欲、愼動、法時、卻疾」，其中節食色二欲以保精氣，清虛靜定以養神氣，形神當「內外交養」，先天元氣與後天元氣，二者當相交養等觀點，論述甚精，而「寡欲只在愼獨」亦甚重要。

十五、《攝生三要》

經云：腎爲藏精之府。元精在體，猶木之有脂，神倚之如魚得水，氣依之如霧覆淵。十六而眞精滿，五臟充實，始能有子。然自此精既泄之後，則眞體已虧，元形已鑿，惟藉飲食滋生精血。不知持滿，不能保嗇，所生有限，所耗無窮，未至中年，五衰盡見，百脈俱枯矣。是以養生者，務實其精。實精之要，莫如經年獨宿，不得已爲嗣續計，房帷之事，隔月一行，庶乎其可也。

聚精之道，一曰寡欲，二曰節勞，三曰息怒，四曰戒酒，五曰慎味。《聚精》

養氣者，須從調息起手。養身者，毋令身中之氣有所違諍。氣欲柔不欲強，欲順不欲逆，欲定不欲亂，欲聚不欲散。故道家最忌嗔，嗔心一發，則氣強而不柔，逆而不順，亂而不定，散而不聚矣。若強閉之，則令人發咳。故道者須如光風霽月，景星慶雲。無一毫乖戾之氣，而後可行功。又食生菜肥鮮之物，亦令人氣強難鬥；食非時動氣之物，亦令人氣逆。又多思氣亂，多言氣散，皆當深戒。《養氣》

聚精在於養氣，養氣在於存神，神之於氣，猶母之於子也。故神凝則氣聚，神散則氣消。若寶惜精氣而不知存神，是茹其華而忘其根矣。《存神》

〔按語〕：作者袁黃，字坤儀，號了凡。浙江嘉善人。明代萬曆進士，其養生思想以聚精、養氣、存神爲攝生三要。

十六、《壽世保元》

人知飲食所以養生，不知飲食失調亦以害生，故能消息使適其宜。是故賢哲防於未病。凡飲食，無論四時，常令溫暖。夏月伏陰在內，暖食尤宜。

善養生者養內，不善養生者養外。養內者，以恬臟腑，調順血脈，使一身之流行沖和，百病不作；養外者，恣口腹之欲，極滋味之美，窮飲食之樂，雖肌體充腴，容色悅澤，而酷烈之氣內蝕臟腑，精神虛矣。安能保合太和，以臻遐齡？《飲食》

老者安之，弗以筋力爲禮，廣筵專席，何必勉強支陪，衰年之戒，一也；戒之在得，舉念渾無去取，家之成敗開懷，盡付兒孫，優游自如，清心寡慾，二也；衣薄棉輕葛，不宜華麗粗重，愼於脫著，避風寒暑濕之侵，小心調攝，三也；飲溫暖而戒寒涼，食細軟而遠生硬，務須減少，頻頻慢餐，不可貪多，慌慌大嚥，四時宜制健脾理氣補養之藥，四也；莫爲尋幽望遠而早起，莫同少壯盡歡而晚歸，惟適性而已，五也。

薄滋味，省思慮，節嗜慾，戒喜怒，惜元氣，簡言語，輕得失，破憂沮，除妄想，遠好惡，收視聽。《老人》

攝養詩

惜氣存精更養神，少思寡慾勿勞心。
食惟半飽無兼味，酒至三分莫過頻。
每把戲言多取笑，常含樂意莫生嗔。
炎熱變詐都休問，任我消遙過百春。

〔按語〕：作者龔廷賢，字子才，號雲林，江西金溪人，明代御醫。他的養生思想主張清心寡慾以養神氣，詩書悅心，山林逸興，濟困扶危，戲言取笑，以怡情悅志。運用導引、按摩、吐納、嚥津等防治衰老，頗爲實用。

十七、《老老恒言》

少寐乃老年大患。必先平居靜養，入寢時，將一切營爲計慮，舉念即除，漸除漸少，漸少漸無，自然可得安眠。若終日擾擾，七情火動，輾轉牽懷，欲其一時消釋得乎？

養生家曰：先睡心，後睡目。愚謂寐有操縱二法：操者，如貫想頭頂，默數鼻息，返觀丹田之類，使心有所著，乃不紛馳，庶可獲寐。縱者，任其心游思於杳渺無朕之區，亦可漸入朦朧之境。最忌者，心欲求寐，則寐愈難。蓋醒與寐交界關頭，斷非意想所及。唯忘乎寐，則心之或操或縱，皆通睡鄉之路。

心不可無所用，非必如槁木，如死灰，方爲養生之道。靜時固戒動，動而不妄動，亦靜也。道家所謂不怕念起，惟怕覺遲。至於用時戒雜，雜則分。分則勞，惟專則雖用不勞，志定神凝故也。

人借氣以充其身，故平日在乎善養，所忌最是怒。怒心一發，則氣逆而不順，窒而不舒，傷我氣，即足以傷我身。老年人雖事值可怒，當思事與身孰重，一轉念間，可以渙然冰釋。《燕居》

〔按語〕：本書又名《養生隨筆》。作者曹慈山，字廷棟，浙江嘉善人。清代乾隆年間著名養生家，曾患「童子癆」（肺結核），但他以恬淡養生，壽至九十餘歲。

向古人學養生

一、《黃帝內經》的養生觀

我國現存最早的醫學典籍，是《黃帝內經》，又簡稱《內經》。此書非一時一人之作，成書年代約爲西漢時期。它總結了先秦時期的醫學理論和實踐經驗，也是養生學集大成的著作。原書共三十六卷，約十四萬餘言，包括《素問》、《靈樞》兩部分。《素問》二十四卷，記黃帝岐伯相問答之語。《靈樞》十二卷，其中所論，多詳於鍼刺。

《內經》的養生綱領，可從下列引文中了解端倪：

余聞上古之人，春秋皆度百歲，而動作不衰；今時之人，年半百而動作皆衰者，時世異耶？人將失之耶？歧伯對曰：上古之人，其知道者，法於陰陽，和於術數，食飲有節，起居有常，不妄作勞，故能形與神俱，而盡終其天年，度百歲乃去。今時之人不然也，以酒為漿，以妄為常，醉以入房，以欲竭其精，以耗散其真，不知持滿，不時御神，務快其心，逆於生樂，起居無節，故半百而衰也。《素問・上古天真論》

上古壽星爲什麼年高百歲而動作不衰？就是在養生原理方面能「法於陰陽，和於術數」。也就是能依照客觀的陰陽五行法則，從事應用各種法術鍛鍊身體，在日常生活方面則飲食有節制，生活起居有定時，勞逸適度，所以能做到身心平衡，而享受百歲高壽。而後世之人多酒色無度，起居無常，年屆半百而衰亡。

其次，上古壽星多能在德行的修養方面高人一等，所謂「德全不危」，故多能年度百歲而動作不衰。

夫上古聖人之教下也，皆謂之虛邪賊風，避之有時，恬淡虛無，真氣從之，精神內守，病安從來？是以志閑而少欲，心安而不懼，形勞而不倦，氣從以順，各從其欲，皆得所願。故美其食，任其服，樂其俗，高下不相慕，其民故曰樸。是以嗜欲不能勞其目，淫邪不能惑其心，愚智賢不肖不懼於物，故合於道。所以能年皆度百歲而動作不衰者，以其德全不危也。《素問・上古天真論》

古代聖人教人養生之法，外則注意氣候的變遷，以決定行止；內則恬淡虛無，精神內守，如此生活規律，病從何來？再加以「志閑而少欲」、「心安而不懼」、「形勞而不倦」，即節制欲望、心安理得、勞動適度，便可達到「各從其欲，皆得所願」的境界。具有這種修養的人，才能做到「嗜欲不能勞其目」、「淫邪不能惑其心」、「愚智賢不肖不懼於物」，才符合養生之道，才能年度百歲而動作不衰。

又次，按照一年四季不同的氣候而採行不同的養生方法。

春三月，此謂發陳，天地俱生，萬物以榮，夜臥早起，廣步於庭，被髮緩形，以使志生，生而勿殺，予而勿奪，賞而勿罰，此春氣之應，養生之道也。逆之則傷肝。夏為寒變，奉長者少。

夏三月，此謂蕃秀，天地氣交，萬物華實，夜臥早起，無厭於日，使志無怒，使華英成秀，使氣得泄，若所愛在外，此夏氣之應，養長之道也。逆之則傷心，秋為痎瘧，奉收者少，冬至重病。

秋三月，此謂容平，天氣以急，志氣以明，早臥早起，與雞俱興，使志安寧，以緩秋刑，收斂神氣，使秋氣平，無外其志，使肺氣清，此秋氣之應，養收之道也，逆之則傷肺，冬為飧泄，奉藏者少。

冬三月，此謂閉藏，水冰地坼，無擾乎陽，早臥晚起，必待日光，使志若伏若匿，若有私意，若已有得，去寒就溫，無泄皮膚，使氣亟奪，此冬氣之應，養藏之道也。逆之則傷腎，春為痿厥，奉生者少。

夫四時陰陽者，萬物之根本也，所以聖人春夏養陽，秋冬養陰，以從其根，故與萬物沉浮於生長之門，逆其根，則伐其本，壞其真矣。故陰陽四時者，萬物之終始也，死生之本也，逆之則災害生，從之則苛疾不起，是謂得道。道者，聖人行之，愚者佩之。從陰陽則生，逆之則死，從之則治，逆之則亂。反順為逆，是謂內格，是故聖人不治已病治未病，不治已亂治未亂，此之謂也。夫病已成而後藥之，亂已成而後治之，譬猶渴而穿井，鬥而鑄錐，不亦晚乎。

（《素問・四氣調神大論》）

由此可知，古人十分重視一年四季氣候的變化而採行不同的養生方法，以資保肝、保心、保肺、保腎，使身強氣壯，不生疾病，防止一切過用，過用則病生。最後獲得一個結論，即「不治已病治未病，不治已亂治未亂」。

要之，《黃帝內經》是我國最古老而有系統的養生鉅著，成爲二千多年來的養生要籍和醫學源泉。綜觀其主旨有下列各點：一、「法於陰陽，和於術數」，主張順應四季氣候以養生；應用各種健身方法以養形。二、主張適勞逸，愼飲食以養形，並重視和七情，靜思慮以養神。三、主張「德全不危」，使養生、修德齊頭並進。四、食飲有節，起居有常，不妄作勞，恬淡虛無，以及防止一切過用。

注意養生的人如能做到上舉各點，便可到達「度百歲而去」的天壽境界。

二、嵇康的《養生論》

嵇康（西元二二四—二六三年），字叔夜，三國魏譙郡銍（今安徽宿縣）人，爲「竹林七賢」之一，丰姿俊逸，博覽多通，好老莊導氣養性之術，著有《養生論》。仕爲中散大夫。鍾會與有私怨，藉事向司馬昭進讒言，遂被害，享年四十歲。

嵇康深信道家養生術，並信神仙爲實有，但不以爲神仙可以學得，不死可以力致。《養生論》云：

「至於導養得理，以盡性命，上獲千餘歲，下可數百年，可有之耳。而世皆不精，故莫能得之。」他接著指出不善養生之人：

「唯五穀是見，聲色是耽，目惑玄黃，耳務淫哇。滋味煎其府藏，醴醪煮其腸胃，香芳腐其骨髓，喜怒悖其正氣，思慮銷其精神，哀樂殃其平粹。（文子曰：「人之性欲平」，又曰：「真人純粹」。粹，淳也。）夫以蕞爾之軀，攻之者非一塗，易竭之身，而外內受敵，身非木石，其能久乎？其自用甚者，飲食不節，以生百病，好色不倦，以致乏絕。世皆知笑悼，謂之不善持生也。」

至於善養生者則不然，他最後指出長壽者的養生之道云：

善養生者則不然矣，清虛靜泰，少私寡欲，知名位之傷德，故忽而不營，非欲而強禁也。識厚味之害性，故棄而弗顧，非貪而後抑也。外物以累心不存，神氣以醇白獨著，曠然無憂患，寂然無思慮。又守之以一，養之以和，和理日濟，同乎大順。然後蒸以靈芝，潤以醴泉，晞以朝陽，綏以五絃，無為自得，體妙心玄、忘歡而後樂足，遺生而後身存，若此以往，庶可與羨門比壽、王喬爭年，何為其無有哉？

這是嵇康《養生論》最精采之處，也是他的結論。他指出「清虛靜泰，少私寡欲」爲養生之最高原則。接著指出養生方法：不要過於熱心追求名位，以免傷害德性；不要貪吃太多魚肉，以免傷害腸胃。至於心理方面，勿因環境而操心，勿因瑣事而煩心，要做到無憂無慮，心安理得。平時注意生活起居，運動營養，適時進補，並以娛樂調劑身心，這樣才可以做到「無爲自得，體妙心玄，忘歡而後樂足，遺生而後身存」，最後才可進入古代仙人羡門，和王子喬一樣的境界。

嵇康又在《答難養生論》中提出養生有五難：名利不滅，此一難也；喜怒不除，此二難也；聲色不去，此三難也；滋味不絕，此四難也；神虛精散，此五難也。五者必存，雖心希難老，口誦至言，咀嚼英華，呼吸太陽，不能不回其操，不夭其年也。五者無於胸中，則信心日濟，玄德日全，不祈喜而有福，不求壽而自延，此養生大理之所歸也。要之，嵇康的養生理論甚爲周全，千餘年後的現代，仍有參考價值。

三、葛洪的《抱朴子》

葛洪（公元二八四—三六四），字稚川，自號抱朴子，丹陽句容（今屬江蘇省）人，東晉道教理論家、醫藥學家、煉丹術家。對養生有深入的研究，著有《抱朴子》、《神仙傳》等書。

《抱朴子》分內、外篇，據自敘所述，內外篇各具特色：「其內篇言神仙方藥、鬼怪變化、養生延年、禳邪卻禍之事，屬道家；其外篇言人間得失、世事臧否，屬儒家。」可見葛洪的思想淵源是內儒外道，實則以神仙家爲主，詳細探討神仙養生說的歷史淵源，爲繼嵇康之後進一步深化神仙養生說的集大成者，其基本觀念爲形神思想：

夫有因無而生焉，形須神而立焉。有者，無之宮也；形者，神之宅也。故譬之于堤，堤壞則水不留矣。方之于燭，燭糜則火不居矣。身勞則形散，氣竭則命終，根竭枝繁則青青去木矣，氣疲欲勝則精靈離身矣。（至理篇）

葛洪的形神論是其養生思想的基本觀念。此爲嵇康養生思想的一脈傳承，因爲嵇康的《養生論》早已論及形神的相互依存關係：

是以君子知形恃神以立，神須形以存，悟生理之易失，知一過之害生。故修性以保神，安心以全身，愛憎不棲于情，憂喜不留于意，泊然無感，而體氣和平。又呼吸吐納、服食養身，使形神相親，表裏俱濟也。

葛洪認爲養生必須形神兼修，因爲：「所爲術者，內修形神，使延年愈疾，外攘邪惡，使禍害不干。」「苟能令正氣不衰，形神相衛，莫能傷也。」

至於具體的養生方法，葛洪認爲首須除六害：

夫善養生者，先除六害，然後可以延駐於百年。何者是邪？一曰薄名利，二曰禁聲色，三曰廉財貨，四曰損滋味，五曰除佞妄，六曰去沮嫉。六者不除，修養之道徒設爾。

其次，強調善於養生者不傷不損，仙經云：「養生以不傷爲本。」故「治身養性，務謹其細，不可以小益爲不平而不修，不可以小損爲無傷而不防。」他曾列舉細目，提醒養生者注意「人生之體，易傷難養」：

才所不逮，而困思之，傷也；力所不勝，而強舉之，傷也；悲哀憔悴，傷也；喜樂過差，傷也；汲汲所欲，傷也；久談言笑，傷也；寢息失時，傷也；挽弓引弩，傷也；沉醉嘔吐，傷也；飽食即臥，傷也；跳走喘乏，傷也；歡呼哭泣，傷也；陰陽不交，傷也。積傷至盡則早亡，早亡非道也。

以上所列舉日常生活中過度的行爲，違反養生的原則應該避免。此外，他更進一步指出日常生活中應注意的細節：

是以養生之方，唾不及遠，行不疾步，耳不極聽，目不久視，坐不至久，臥不及疲；先寒而衣，先熱而解，不欲極饑而食，食不過飽；不欲極渴而飲，飲不過多。凡食過則結積聚，飲過則成痰癖。不欲甚勞甚逸，不欲起晚，不欲汗流，不欲多睡，不欲奔車走馬，不欲極目遠望，不欲多啖生冷，不欲飲酒當風，不欲數數沐浴，不欲廣志遠願，不欲規造異巧。冬不欲極溫，夏不欲窮涼；不露臥星下，不眠中見肩。大寒、大熱，大風、大霧，皆不欲冒之。

以上各點都是日常生活中簡單易行，行之有效的養生之道。此外，葛洪還引用醫書上的養生方法，例如「五味入口，不欲偏多；酸多傷脾，苦多傷肺，辛多傷肝，鹹多則傷心，甘多則傷臂，此五行自然之理也。」又云：「多食鹹則脈凝泣而變色，多食苦則皮槁而毛拔，多食辛則筋急而爪枯，多食酸則肉胝䐢而脣揭，多食甘則骨痛而髮落，此五味之所傷也。」

葛洪的養生術對於心性的修養也極重視，他說：

所以保和全真者，乃少思、少念、少笑、少言、少喜、少怒、少樂、少愁、少好、少惡、少事、少機。夫多思則神散，多念則心勞，多笑則臟腑上翻，多言則氣海虛脫，多喜則膀胱納客風，多怒則腠理奔血，多樂則心神邪蕩，多愁則頭鬢憔枯，多好則志氣傾溢，多惡則精爽奔騰，多事則筋脈乾急，多機則智慮沈迷，斯乃伐人之生甚於斤斧，損人之命猛於豺狼。

又關於日常生活與做人方面，葛洪也有一套養生方法：

毋久坐、毋久行、毋久視、毋久聽。不飢勿強食，不渴勿強飲，不飢強食則脾勞，不渴強飲則胃脹。體欲常勞，食欲常少，勞勿過極，少勿至飢。冬朝勿空心，夏夜勿飽食。早起不在雞鳴前，晚起不在日出後。心內澄則真神守其位，氣內定則邪物去其身。行欺詐則神悲，行爭競則神沮，輕侮於人當減算，殺害於物必傷年。行一善則魂神樂，構一惡則魄神歡（魄神樂死，魂神好生）。常以寬泰自居，恬淡自守，則身形安靜，災害不干，生錄必書其名，死籍必削其咎。養生之理，盡於此矣。

此外，《抱朴子》中所述仙道養生法，尚有辟穀食氣法（不食五穀），導引吐納法、行氣胎息法，及寶精行氣法。前三法較爲專門，非此短文所能盡述，茲僅簡介寶精行氣法。葛洪是以養生的立場而論房中術，他認爲「陰陽不交，則坐致壅閼之病，故幽閉怨曠，多病而不壽也。任情肆意，又損年命，唯有得其節宣之和，可以不損。」他在《微旨篇》中論之更詳：

人不可以陰陽不交，坐致疾患。若欲縱情恣欲，不能節宣，則伐年命。善其術者，則能走馬以補腦，還陰丹以朱腸，采玉液於金池，引三五於華梁，令人老有美色，終其所稟之天年。

要之，抱朴自守是葛洪的自號，也是他撰述《抱朴子》一書的旨趣。他所提供的養生理論與方法，極有參考價值。他認爲養生以不傷爲本，所有傷者，均過用也，這就是預防醫學的觀念，值得我們重視。

四、陶弘景的養生之道

陶弘景（西元四五六—五三六年），字通明，丹陽秣陵（今江蘇南京）人，南朝著名醫藥學家、道士。出身士族，幼年好學。爲養生隱逸之士，永明十年（四九二）隱居茅山，開創道教之茅山宗，成爲南朝道教上清派的主要人物，第九代宗師。梁武帝禮聘不出，但朝廷凡有大事，均有所諮詢，時人稱爲「山中宰相」。繼承老莊思想和葛洪的神仙方術，融合儒、佛觀點，主張三教合一，佛道雙修。他精於醫學、藥物學。編撰《本草經集注》、《養性延命錄》等，卒於梁武帝大同二年，享年八十一歲。

陶弘景所編《養性延命錄》，原書已佚，現從《道藏》中摘錄其有關養生要點如下：

……有愚、有智、有強、有弱、有壽、有夭，天耶？人耶？解者曰：夫形生愚智，天也；強弱壽夭，人也。天道自然，人道自己。始而胎氣充實，生而乳食有餘，長而滋味不足，壯而聲色有節者，強而壽；始而胎氣虛耗，生而乳食不足，長而滋味有餘，壯而聲色自放者，弱而夭。生長全足，加之導養，年未可量。

道機曰：人生而命有長短者，非自然也，皆由將身不謹，飲食過差，淫佚無度，忤逆陰陽，魂神不守，精竭命衰，百病萌生，故不終其壽。

太史公司馬談曰：夫神者，生之本；形者，生之具也。神大用則竭，形大勞則斃。神形早衰，欲與天地長久，非所聞也。故人之所以生者神也，神之所托者形也，神形離別則死，死者不可復生，離者不可復返，故聖人重之。

《中經》曰：靜者壽，躁者夭。靜而不能養，減壽；躁而能養，延年。

《仙經》曰：我命在我，不在天。但愚人不知此道為生命之要，所以致百病風邪者，皆由恣意極情，不知自惜，故虛損生也。譬如枯朽之本，遇風即折，將崩之岸，值水先頹。今若不能服藥，但知愛精節精，亦得一、二百年壽也。

彭祖曰：養壽之法，但莫傷之而已。夫冬溫夏涼，不失四時之和，所以適身也。又云：

重衣厚褥，體不勞苦，以致風寒之疾；厚味脯臘，醉飽厭飫，以致聚結之病；美色妖麗，嬪妾盈房，以致虛損之禍；淫聲哀音，怡心悅耳，以致荒耽之惑；馳騁游觀，弋獵原野，以致發狂之失；謀得戰勝，兼弱取亂，以致驕逸之敗。

真人曰：雖常服藥物，而不知養性之術，亦難以長生也。養性之道，不欲飽食便臥，及終日久坐，皆損壽也。人欲小勞，但莫至疲及強所不能堪勝耳。人食畢，當行步躊躇，有所修為為快也。故流水不腐，戶樞不朽蠹，以其勞動數故也。

以上所錄各條，大都爲陶弘景輯錄古人所述而加融貫者。不外飲食有節，身欲小勞，注意四時調適，切戒聲色過度。強調養性的重要，所謂我命在我，不在天。

在《養性延命錄》中所輯錄前人的養生要訣，分爲六篇，即：教誡、食誡、雜誡、服氣療病，導引按摩，房中損益。言簡意賅，富實用性。這是古代養生術的第一次整理，此書已成爲道教的重要經典。其中教誡篇是講養生的原則，如引莊子、列子的言論，內容多爲少思、寡欲、制動、守靜等類，爲道家的主要思想。食誡篇是講養生的注意事項，例如細嚼慢嚥，與飽食過度等，以及飲食中的禁忌。雜誡篇是言日常生活中的注意事項。這三篇爲上卷，下卷三篇講養生方法：按摩、導引、服氣、御女損益等。

陶弘景的養生思想比葛洪更爲切合現實。葛洪認爲修行雖可求得長生，但不是修行的最後目的，修行的最後目的在於成仙，與天地同輝，與日月同壽。《抱朴子·內篇》對於神仙可致的論點多方論證。陶弘景的《養性延命錄》則更重視生命的延續和對健康的追求。《養性延命錄》序云：「夫稟氣含靈，唯人爲貴，人所貴者，蓋貴爲生。……若能游心虛靜，息慮無爲，服元氣於子後，時導引於閒室，攝養無虧，兼餌良藥，則百年耆壽是常分也。」所以他在養生方法方面很少提到飛昇成仙，卻重視養生保健。

陶弘景記錄的養生方法，除守丹田、胎息、按摩與前人記載的相同外，較爲特殊的是服日月法、存星法及服藥餌法。茲略述如下：

服日月法：日是陽的象徵，月是陰的象徵，人體也有陰陽，與天地之間的陰陽氣相通。服日月法的作法是用意念存想的方法將日、月的精華引入人體，以調節人體的陰陽平衡。如云：「採補之法，爲晚年修持所不廢。以採日、月之精華，奪天地之大氣，心思意想，望結丹砂，以補胎息之不足。」具體作法是：「欲得延年，當洗面清心，日出二丈，正面向之，口吐死氣，鼻吸日精，須鼻得嚏便止，是爲氣通，亦以補精復胎，長生之方也。」

存星法：此與服日月法道理相通。天地之間有五星：東方歲星、南方熒惑星、西方太白星、北方辰星、中央鎭星。五星配五行，分別方位配以木、火、土、金、水。存思將五星按五行相生順序咽入喉中，可補五行之不足，調節五行的偏盛偏衰現象。

服藥餌法：我國最古老的藥典是《神農本草經》，相傳是神農氏所著，其中載上、中、下品藥物三百六十五種，歷經兩漢魏晉的傳抄，錯誤百出，陶弘景參考許多圖譜，加以整理，並增加藥物三百六十種，稱爲名醫副品。在藥理上，他把藥物之間的關係分爲單行、相須、相使、相畏、相惡、相反、相殺七種，稱爲「七情」。據此合藥，可用相須、相使、單行，其餘應用時須依據情況特別謹慎。

要之，陶弘景是南朝傑出的養生學者，也是南朝以前醫藥學的集大成者，其《養性延命錄》一書則是道教學者對養生長壽的重大貢獻，值得我們重視。所述養生原則與方法，至今仍有許多值得借鏡之處。陶弘景本人在一千五日年前能活到八十一歲，就是最好的見證。

五、梁武帝蕭衍的養生之道

梁武帝蕭衍是我國歷代皇帝中壽命次長的長壽皇帝，他生於西元四六四年，歿於西元五四九年，享年八十六歲。他年輕時博學多才，於西元五〇二年奪取南齊的江山，自己做了皇帝，當時他才三十七歲。他治世初期，廣招才俊，力行德治，成爲南朝的全盛時代。他是一個創業的皇帝，在位達四十八年之久。晚年皈依佛門，不再過問朝政，國內陷於混亂，西元五四八年終於發生「侯景之亂」，次年京都建康淪陷，武帝成爲階下囚，他還用「得之於吾，失之於吾，吾何恨之有？」的話來安慰自己，終於受不住煎熬而離開了人世。

梁武帝的養生方法約有下列各點：

多讀書，勤用腦：梁武帝青年時代即以文武全才聞名，做皇帝後，仍利用餘暇讀書作文。每天散朝後，在一二個太監服侍下，置身於窗明几淨的書房讀書，神馳於義理之間，思有所得便奮筆疾書，使大腦活力增強。他爲了貫通佛、道、儒三家思想，日夜勤研各種經典，完成撰著數百卷。由於經常動腦思考，延緩了腦的衰老並預防老年性痴呆症。

崇佛教，節飲食：梁武帝是一個虔誠的佛教徒，提倡信仰佛教，不遺餘力，在京都建康陸續興建許多富麗堂皇的佛寺。唐代詩人杜牧所作《江南春》一詩云：

千里鶯啼綠映紅，
水村山郭酒旗風。
南朝四百八十寺，
多少樓臺煙雨中。

由此可見當時佛教的盛行。梁武帝雖然用大筆錢造佛寺，他自己卻自奉甚儉，平時身穿布衣，節制飲食，遵守「過午不食」的戒律。並把佛經中不許殺生、戒葷的規定大力推行。印度佛經中所言「葷」，原是專指大蒜、蔥等氣味濃烈的植物而言，並不包含肉類，梁武帝下令「斷酒肉」，使不食肉也成爲戒律。他身體力行，節食、素食，但不缺營養，使原來腰過十圍（一圍約五寸或三寸）的他成爲「老來瘦」，千金難買，故能延長壽命。

遠女色，少房事：梁武帝壯年時，原是好色之徒。當他奪取江山時，不但把南齊皇帝的後宮佳麗照單全收，而且奪人家園。淫其妻室。他行年五十左右，受了佛、道的影響，開始節制房事。晚年時自稱「絕房室三十餘年」、「不與女人同房而寢。」這話可能有些誇張，但他信佛之後，女色之好確有節制，對於養生保健甚有裨益。

習導引，愼服藥：梁武帝在青壯年時代曾勤練武術，進入中年後又學導引術，使身體靈活強壯。他曾令道士陶弘景煉丹藥，小心服食，並常與御醫討論藥理，因而未受丹毒之害。

此外，梁武帝的文學造詣精深，即帝位後第四年即仿漢代體制設五經博士，廣建太學，以作育英才。他的私生活非常嚴謹，常穿著屢經洗濯的粗布衣衫，食粗茶淡飯。每天拂曉之時便起床，埋首處理政務。此種刻苦耐勞有規律的生活，使他成爲歷代君主中稀有的高壽皇帝。

六、孫思邈的養生之道

孫思邈（西元五八一—六八二），京兆華原（今陝西耀縣）人。唐代道士，著名養生家、醫藥學家。通百家之說，崇尚老莊，兼通佛典。先後隱居太白山，終南山、峨嵋山，學道、研究養生術。唐武德中（六一八—六二六），以修煉、行醫聞名。太宗即位，召入京師，授予爵位，不受。顯慶四年（六五九年）拜爲諫議大夫，仍不就。永淳元年（六八二年）卒，享年一百零二歲，爲歷代年壽最高的醫藥學家，被稱爲「藥王」。主要著作有《千金要方》、《千金翼方》、《攝養枕中方》等。

孫思邈克享高壽一百零二歲，而且一百歲時尚能耳聰目明，編撰《千金翼方》一書，可見他養生有術，他的養生方法應當是行之有效的。他在《攝養枕中方》的序言中說：「余研核方書，蓋亦久矣。搜求秘道，略無遺餘。自非至妙至神，不入茲錄。誠信誠效，始冠於篇。」他的養生方法主張切近實用，對於道家的神仙思想並不贊同。他在上述序言中續云：「夫養生繕性，其方存於卷者甚衆，甚或幽微秘密，疑未悟之心。至於澄神內觀，游玄採眞，故非小智所及，常思所尋沒能及之，而志不能守之，事不從心，術即不驗。」所以他所採錄的養生方法都是簡單明瞭，易知易行。

一、養生必須養性：

《千金要方》中之「養性序」云：

夫養性者，欲所習以成性，性自為善，不習無不利也。性既自善，內外百病皆悉不生，禍亂災害亦無由作。此養性之大經也。善養性者，則治未病之病，是其義也。故養性者，不但餌藥餐霞，其在兼於百行，百行周備，雖絕藥餌，足以遐年。德行不充，縱服玉液金丹，未能延壽。故夫子曰：「善攝生者，陸行不遇虎兕。」此則道德之祜也，豈假服餌而祈遐年哉。……嵇康曰：「養生有五難：名利不去為一難，喜怒不除為二難，聲色不去為三難，滋味不絕為四難，神慮精散為五難。五者必存，雖心希難老，口誦至言，咀嚼英華，呼吸太

陽，不能不迴其操不夭其年也。五者無於胸中，則信順日躋，道德日全，不祈善而有福，不求壽而自延。此養生之大旨也。

孫思邈首先強調指出養生必先養性，使德行周備，德行不充，縱服玉液金丹，也不能延壽。其次，引述嵇康的養生五難的說法，五者必存，雖心希難老，亦不能不夭其年。

二、注重精神養生：

至於養性的具體方法，孫思邈進一步指出：「養性之道，莫久行、久立、久坐、久臥、久視、久聽。蓋以久視傷血，久臥傷氣，久立傷骨，久坐傷肉，久行傷筋也。仍莫強食，莫強酒，莫強舉重，莫憂思，莫大怒，莫悲愁，莫大懼。莫跳踉，莫多言，莫大笑。勿汲汲於所欲。勿悁懷忿恨，皆損壽命。若能不犯者，則得長生也。」（《千金要方·道林養性》）

此外，他又在《千金要方·道林養性第二》中指出養性要做到「十二少」、「十二多」：「故善攝生者，常少思、少念、少欲、少事、少語、少笑、少愁、少樂、少喜、少怒、少好、少惡。行此十二少者，養性之都契也。多思則神殆，多念則志散，多愁則志昏，多事則形勞，多語則氣乏，多笑則臟傷，多愁則心懾，多樂則意溢，多喜則忘錯昏亂，多怒則百脈不定，多好則事迷不理，多惡則憔悴無歡。此十二多不除，則營衛失度，血氣妄行，喪生之本也。惟無多無少者，幾於道矣。是知勿外緣者，眞人初學道之法也。若能如此者，可居溫疫之中無憂疑矣。既屏外緣，會須五神（肝、心、脾、肺、腎），言最不得浮思妄念，心想慾事，惡邪大起。故孔子曰：思無邪也。」要而言之，所謂「十二少」，就是初學養性的入門途徑，凡養性者，必須由此入門，後人對此「十二少」都很推崇，作爲修身養性的日常準則。

三、強調運動鍛煉：

他在《千金要方・道林養性》中指出：「養性之道，常欲小勞，但莫大疲及強所不能堪耳。且流水不腐，戶樞不蠹，以其運動故也。」運動貴能有恒，但不要過度。勞動亦爲運動項目，例如蒔花、處理家務及外出工作等。老年人尤其須有適度運動。他在《千金翼方・養性禁忌》中云：「非但須知服食將息節度，極須知調身按摩，搖動肢節，導引行氣。行氣之道，禮拜一日勿住，不得安於其處，以致雍滯，故流水不腐，戶樞不蠹，義在斯矣。能知此者，可得一二百年。」他認爲若能長期堅持運動鍛煉，則長壽百年不難實現。

四、注重飲食養生：

《千金要方・食治》云：「安身之本必資於食……不知食宜者，不足以存生也。」飲食是健康之本。又《攝養枕中方・自慎》云：「夫萬病橫生，年命橫夭，多由飲食之患。飲食之患，過於聲色，聲色可絕之逾年，飲食不可廢於一日。爲益旣廣，爲患亦深。」所以吾人對飲食應該隨時注意調攝。

他認爲飲食應適時適量，《千金要方・養性》云：「善養性者，先飢而食。先渴而飲，食欲數而少，不欲頓而多，則難消也。常欲令如飽中飢，飢中飽耳。蓋飽則傷肺，飢則傷氣，鹹則傷筋，酢則傷骨，故每學淡食，食當熟嚼，使米脂入腹，勿使酒脂入腸。」

以上是飲食宜忌的大原則，此外，他還指出飲食的小節也要注意。例如飲食要清淡、適時適量、少食多餐、晚餐更應少食，食畢要漱口，保持口腔清潔。食畢散步，然後按摩腹部數百遍，則食物容易消化，無百病。切戒飽食即臥，易生百病。

關於飲酒方面，他說：「飲酒不欲使多，多則速吐之爲佳，勿令至醉，即終身百病不除。久飲酒者腐爛腸胃，漬髓蒸筋。」酗酒防害健康，若不慎飲酒過量，則應迅速吐出，以免酒精中毒。

五、注意生活小節：

在日常生活中有許多小節必須注意，以免損害健康。在《千金翼方・養性》中指出：「忍尿不便，膝冷成痹，忍大便不出，則成氣痔。」「濕衣及汗衣皆不可久穿。」「凡大汗勿急脫衣，免得半身不遂」，「凡人臥春夏向東，秋冬向西」。「人頭邊勿安火爐，日久引火氣，頭重目赤。」「屈膝側臥，益人氣力，勝正偃臥。」

六、適應四時變化：

孫思邈繼承《黃帝內經》中四時養生的觀點，認爲「虛邪賊風，避之有時。」並加闡明說：「春欲晏臥而早起，冬欲早臥而晏起，皆益人。雖云早起，莫在雞鳴前；雖云晏起，莫在日出後。凡冬月忽有大熱之時，夏日忽有大涼之時，皆勿受之。人有患天行時氣者，皆由犯此也。即須調氣息，使寒熱平和，即免患也。」又云：「冬夜勿覆其頭，方得長壽。」「暮臥常習閉口，口開即失氣，且邪惡從口入。屈膝側臥，益人氣力，勝正偃臥。冬日凍腦，春秋腦足俱凍，此聖人之常法也。」這些都很合乎衛生之道，可供參考。

又孫思邈論日常生活的宜忌，其中防範風邪是最重要的。他說：「凡人居處之室，必須周密，勿令有細隙，致有風氣得入。小覺有風，勿強忍之，久坐必須急急避之；久居不覺，使人中風。古來忽得偏風，四肢不隨，或如角弓反張，或失音不語者，皆由忽此耳。身既中風，諸病總集，邪氣得便。遭此致卒者，十中有九。是以大須周密，無得輕之。愼焉，愼焉。」可見他對居室防風的重視，這是對《內經》所言「虛邪賊風，避之有時」的最好註釋。

七、重視老年養生：

孫思邈特別重視老年人的精神調攝，因爲老年人陽氣漸衰，心力漸退，七情變異，易生嗔怒不快之感。所以老年人的精神調攝相當重要。爲人子女者須盡孝道，多爲父母考慮，盡其所需，勿令有不快之感。他曾舉例說：「爲人子者，不植見落之木。」木葉一落，老年人易觸景生情，而有悲戚之感。種樹植花尚且如此，何況日常起居之間，更要盡心奉養。

至於老年人自己則宜自行檢束，以免時有驕恣嗔怒，不利健康。孫思邈的養老要訣云：「故養老之要，耳無妄聽，口無妄言，心無妄念，此皆有益老人也。常念善，無念惡，常念生，無念殺，常念信，無念欺。養老之道，無作博戲，強用氣力，無舉重，無疾行，無喜怒，無極視，無極聽，無大用意，無大思慮，無吁嗟，無叫喚，無泣啼，無悲愁，無哀痛，無慶弔，無接待賓客，無預局席。能如此者，可無病長壽，斯必不惑也。」（見《千金翼方．養性》）這是依據道教虛靜自然的原則，用於老年人的養生，非常貼切實用。

孫思邈認爲老年人雖然年邁體衰，也應有適度的運動。可作「調身按摩，搖動肢節，導引行氣。」他曾錄下「天竺國按摩法」，認爲對老年人極爲適用：「老年人每日能作此三遍者，一月後百病除，行及奔馬，補益延年，能食，眼明，輕健，不復疲乏。」（按：所稱天竺國按摩法，可能是印度瑜伽術，筆者習瑜伽術多年，故有同感。）

八、講求食療養生：

孫思邈熟知藥性，以醫、藥聞名，被稱爲「藥王」。他把藥物與食物合制，以預防疾病。

《千金要方·食治》云：「安身之本，必資於食；救疾之速，必憑於藥。不知食宜者，不足以存生也；不明藥忌者，不能以除病也。斯之二事，有靈之所要也，若忽而不學，誠可悲乎。是故食能排邪而安臟腑，悅神爽志，以資血氣。若能用食平疴，釋情遣疾者，可謂良工。長年餌老之奇法，極佳養生之術也。」這種食療觀至今尚有參考價值。

九、適當調節性慾：

孫思邈主張節制性慾，但不主張禁慾。他說：「男不可無女，女不可無男，無女則意動，意動則神勞，神勞則損壽。」他在《千金要方·房中補益》中，依年齡不同規定行房次數：「御女之法，能一月再泄，一歲二十四泄，皆得二百歲。人年二十者，四日一泄；三十者，八日一泄；四十者，十六日一泄；五十者，二十日一泄；六十者，閉精勿泄，若體力猶壯者，一月一泄。」以上規定行房次數依年齡而不同，大致可行，但「其人弱者，更宜慎之」。尤其年齡在六十以上者更宜節制。

此外，孫思邈還主張通過夫婦行房來養生去疾，其要點在於「閉固」，即行房而不泄精。《千金要方·養性》云：「凡精少則病，精盡則死，不可不思，不可不慎。數交而泄，精氣隨長，不能令人虛也。若不數交，交而即泄，則不得益。泄之精氣，自然增長，但遲而微，不如數交接不泄之速也。」他主張少泄以保精，並進一步加以發揮云：「凡御女之道，不欲令氣未感動，陽氣微弱即以交合。必須先徐徐嬉戲，使神合意感良久，乃可令得陰氣，陰氣推之，須臾自強。所謂弱而內迎，堅急出之，進退欲令疏遲，情動而止，不可高而投擲，顛倒五臟，傷絕精脈，生致百病。但數交而慎密者，諸病皆愈，年壽日益……能百接而不施泄者，長生矣。若御女多者，可采氣，采氣之道，但深接勿動，使良久氣上面熱，以口相當引取女氣而呑之。可疏疏進退，意動便止，緩息眠目，使臥導引，身體更強。」

十、主張學習氣功：

孫思邈主張學習氣功，以卻疾強身。他認爲人在健康情況下，應每日調氣補瀉，按摩導引。他在《千金要方．道林養性》中云：「存想思念，令見五臟如懸磬，五色了了分明，勿輟也。乃可每日初起，展兩手於膝上，心眼觀氣，上入頂，下達湧泉，旦旦如此，此名曰迎氣，常以鼻引氣，口吐氣，小微吐之，不得開口，復欲得出氣少，入氣多。每欲食，送氣入腹。」

此外，他還介紹一種調氣治五臟疾病的方法：「若患心冷病，氣即呼出；若熱病，氣即吹出；若肺病即噓出；若肝病即呵出，若脾病即唏出；若胃病即呬出；若腎病即呵出。」並在調氣之先，左右導引二百六十遍。以上呼、吹、噓、呵、唏、呬息之六法，是調氣治病的重要方法。頗爲後世養生家所重視。

總之，孫思邈總結了前人的養生道術，而且把他自己的研究體驗融入著作中，形成了一整套的養生道術，可以說集養生之大成。他對老年人養生特別重視，至今仍然值得高齡人士之參考。他深切地體認到：人生百年也是很短促的，何況能活到百歲的畢竟是少之又少。在《千金要方·養性序》中，孫思邈說：「吾長思一日一夜有十二時（一個時辰爲二小時），十日十夜百二十時，百日百夜一千二百時，千日千夜十二千時，萬日萬夜一十二萬時，此爲三十年。若長壽者九十年，只得三十六萬時。百年之內，斯須之間。數十之活，朝菌蟪蛄不足爲喻也。」他感嘆人生的短促，就如「朝菌不知晦朔，蟪蛄不知春秋」，若不講求養生實在可惜。但他並不贊成古人葛洪等的長生不老的神仙學說，因爲「神仙之道難致，養性之道易崇」。

最後，錄孫思邈所作「養性詩」一首，以供參考：

怒甚偏傷氣，思多太損神。
神疲心易役，氣弱病相因。
勿使悲歡極，常令飲食勻。
再三防夜醉，第一戒晨嗔。
亥寢鳴天鼓，晨興漱玉津。
妖邪難犯己，精氣自全身。
若要無諸病，常須節五辛。
安神宜悅樂，惜氣保和純。

壽夭休論命，修持本在人。

七、白居易的養生之道

白居易（西元七七二—八四六），唐代大詩人，祖籍太原，後世遷居下邽（今陝西省渭南縣）。唐貞元中進士，曾任校書郎，後因言事，貶江州司馬。歷官杭、蘇二州刺史，遷刑部侍郎，晚年自號香山居士。其詩多至三千餘首。四十歲以前所作諷諭詩，多規諷得失，忠君愛國之情，四十歲以後所作，多爲閒適抒情之詩，作風平易近人。

唐代詩人中，樂天享壽最高，活了七十五歲。進入老年後，他仍然樂觀，不像一般老年人的萎靡頹廢。他的《覽鏡喜老》詩云：

今朝覽明鏡，鬚鬢各成絲。
行年六十四，安得不衰羸？
親屬惜我老，相顧興嘆咨。
而我獨微笑，此意誰人知？
笑罷仍命酒，掩鏡捋白髭。
爾輩且安坐，從容聽我詞。
生若不足戀，老亦何足悲。

生若茍可戀，老即多生時。

一般人的心理都是怕老，因爲一般老年人多是體衰多病，樂天則不怕老，反而喜老，年紀大了，體能衰退，這是自然的現象。而且他進一步說明他「樂天知命」的老年觀：「生若不足戀，老亦何足悲？生若茍可戀，老即多生時。」人生倘若不值得留戀，則衰老又何足悲哀？人生倘若值得留戀，則老年正好多享受人生。他是何等的達觀，難怪他能夠活到超過古稀的年齡。

他認爲衰老是自然規則，比早夭更好，因爲：

「不老即須夭，不夭即須衰。
既衰勝早夭，此理決不疑。」

白樂天既然抱有樂天知命的老年觀，對於窮通生死之理也看得非常透澈。他的《遺懷》詩云：

羲和走馭趁年光，不許人間日月長。
遂使四時都似電，爭教兩鬢不成霜？
榮銷枯去無非命，壯盡衰來亦是常。
已共身心要約定，窮通生死不驚忙。

他平日生活簡樸，認爲只要能夠溫飽，何必奢求？無事時研究易經，以明窮通之理。他的《樂天心不憂》詩云：

何必待衰老，然後悟浮休。
朝飢有蔬食，夜寒有布裘。
幸免凍與餒，此外復何求？
寡欲雖少病，樂天心不憂。
何以明吾志？周易在床頭。

他爲了調劑老年生活，時常漫遊西湖，手拄拐杖，頭戴白色的綸巾，邊走邊看，陶醉在大自然的美景中，直到興盡才回。有詩爲證：

湛湛玉泉色，悠悠浮雲身。
閑心對定水，清靜兩無塵。
手把青筇杖，頭戴白綸巾。
興盡下山去，知我是何人。

人老了，不免生病，白樂天年老時患白內障幾乎失明，他在《眼暗》一詩云：「……夜昏乍似燈將滅，朝暗長疑鏡未磨。千藥萬藥治不得，唯應閉目學頭陀。」當時白內障開刀療法尚未發明，他只好「閉目學頭陀」，學佛坐禪了。又從他的詩中：「藥酒醺醺引醉眠，摩沙病腳日陽前」，可知他曾用藥酒與按摩來治療他的風濕性腳關節炎。

要之，白樂天的養生之道，主要是心理健全，深悟窮通生死之理。遊山玩水，以詩酒作爲消遺，樂觀簡樸，閒暇時研究易經，以明窮通之理，故能心安理得，享受高壽。

八、蘇東坡的養生之道

蘇東坡不僅是北宋的大文學家，也是有成就的養生家，對於醫藥學、氣功療法以及養生術均有相當研究。

蘇軾，字子瞻，東坡是他的號，四川眉山人，生於宋仁宗景祐三年（公元一〇三七年），歿於宋徽宗建中靖國元年（一一〇一），享年六十五歲。他在少年時代就很有志氣，曾寫過一副對聯「發憤識遍天下字，立志讀盡人間書」。二十歲左右，即博通經史，文如泉湧。他一生度過了四十多年的仕宦生活，首先反對王安石變法，因此被貶，其後司馬光當權，再度被貶，流落嶺南。但他雖處逆境，均能隨遇而安，加以養生有術，故能年逾花甲，功業有成。

蘇東坡的養生之道甚多，茲簡介如下：

一、生活規律化

東坡在奏摺中有云：

「夫國之長短如人之壽夭，人之壽夭在元氣，國之長短在風俗。……是以善養生者，慎起居，節飲食，導引關節，吐故納新。不得已而用藥，則擇其品之上、性之良、可以服而無

害者，則五臟和平而壽命長。不善養生者，薄節愼之功，遲吐納之效，厭上藥而用下品，伐真氣而助強陽，根本已空，僵仆無日。」

東坡的養生理論著重培養人體的「元氣」，亦即要強化人的體質。強化體質必須「愼起居，節飲食，導引關節，吐故納新」，做到「已飢方食，未飽先止，散步逍遙，務令腹空。」他認爲飲食要能節制，「口腹之欲，何窮有之，每加節儉，亦是惜福延壽之道」，這種做法有諸多益處：「一曰安分以養福，二曰寬胃以養氣，三曰省費以養財」。

東坡爲實行生活規律化，曾摘取古書中四句話作爲養生的秘方：

1. **無事以當貴。**
2. **早寢以當富。**
3. **安步以當車。**
4. **晚食以當肉。**

東坡自稱這是他服之有效的四味藥，這不是藥而勝似藥的養生方法，反映了他在養生中注意精神豁達、睡眠充分、飲食適度及堅持活動的獨到見解。

二、注重修身養性

東坡酷愛旅遊，遊覽名山大川時，騎馬或騎驢，悠哉遊哉，談笑風生，其弟說他「足跡幾遍天下，奇山妙水無不經物色。」他認爲這樣做是爲了「俯仰山林之下，於以養生治性」。據《西清詩話》載：當遊江湖時，東坡「挾彈擊江水，錚錚有聲，大以爲娛。」又云：「（東坡）布衣芒履，出入阡陌，所與遊者，亦不盡擇，各隨其高下，詼諧放浪。」可見其樂觀任性，天眞無邪。

當蘇東坡晚年被流放到海南島時，住的是茅竹房，喫的是粗食糧，生活十分清苦。其弟蘇轍去看他後說：「不見老人衰憊之氣。」可見他雖處逆境中，卻能豁達樂觀，安之若素。

三、注重氣功養生術

蘇東坡對氣功養生術頗有經驗，並能身體力行。他曾上書張方平介紹氣功法：

每夜以子後披衣起，面東南，盤足叩齒三十六通。握固閉息，內觀五臟：肺白、肝青、脾黃、心赤、腎黑。次想心為赤火，光明洞澈，下入丹田中。待腹滿氣極，即徐出氣，惟出入均調，即以舌接唇齒，內外漱煉精液，未得咽。復前法閉息內觀，納心丹田，調息漱津，皆依前法。如此者三，津液滿口，即低頭咽下，以氣送入丹田，須用意精猛，令津與氣谷谷然有聲，徑入丹田。又依前法為之，凡九閉息三咽津而止。然後以左右手熱摩兩腳心，及臍下腰脊間，皆令熱徹。次以兩手摩熨眼面耳項，皆令極熱，仍按捉鼻樑左右五七下，梳頭百餘梳而臥，熟寢至明。

東坡的上述功法，與現代氣功練法頗爲相似。

四、蘇東坡獨特的健身術—步月理髮

東坡晚年被貶到僻遠地區海南島後，身心衰退，老態龍鍾。他爲恢復精神和體力，採行一種新的健身方法。每天晚上去郊外散步，並登上一座小山山頂，不管風霜夜露，沐浴在溫馨的月光之下，瞭望滿天星斗，把世間的煩惱全拋到九霄雲外。這時他散開髮髻，用木梳反復梳理頭髮，全身肌骨頓覺清涼爽快，心曠神怡。半年之後，東坡的精神體力恢復正常，前後判若兩人。

按「髮宜常梳」是我國歷代流傳的「養生十六宜」中之一項，可以刺激頭皮和髮根，開竅寧神，止痛明目，故養生家在詩歌中常常提到，例如「覺來忽見天窗白，短髮蕭蕭起自梳」，「客稀門每閉，意悶髮重梳」，「破裘寒旋補，殘髮短猶梳」。

此外，東坡對於飲食甚爲講求營養和美味，他喜歡喫豬肉，且善烹飪，美味的「東坡肉」流傳至今。他主張多食蔬菜，認爲「蔬菜有過於八珍」。他把各種蔬菜混合煮成菜羹，稱爲「東坡羹」，認爲「不用魚肉五味，有自然之甘」。他還主張食後用濃茶漱口，可以「除煩去膩」。

最後，蘇東坡對於房中術也有他的看法，主張惜精節慾。他說：「出輿入輦，命曰蹶痿之機；洞房清宮，命曰寒熱之媒；皓齒蛾眉，命曰伐性之斧；甘脆肥濃，命曰腐腸之藥。此三十二字，吾當書之門窗、几席、盤盂，使坐起見之，寢食念之。」他將飲食與男女相提並論，必須有所節制，才合乎養生之道。

以上所述蘇東坡各種養生方法，我們用現代人的眼光來衡量，亦甚有價值，可以作為借鏡。

九、陸游的養生之道

宋代愛國詩人陸游（一一二五—一二〇九），對養生頗有研究，並能身體力行，克享高壽八十五歲。

陸游字務觀，號放翁，山陰縣（今浙江紹興）人。出身於具有文學傳統的仕宦家庭。當他少年時，遭到金朝女真族侵略，首都汴京（今河南開封）失守。北宋南遷，成為半壁江山的南宋。陸游眼看朝政腐敗，北伐無期，滿懷愛國情操，只好借詩詞來發抒，成為偉大的愛國詩人。

陸游的養生之道約有下列特點：

一、樂觀豁達的胸懷

陸游由於愛國心切，力主抗金，因而在仕途上屢遭排擠和挫折，報國壯志難以實現。在婚姻上迫於母命與髮妻唐婉離異，遭受鉅大創痛。晚年閒居山陰，生活拮据，節衣縮食，免強應付。在此種惡劣的環境下，他仍能身強體壯，應付如意。推究其原因，乃由於他具有樂觀豁達的胸懷，深知養生之道，並能力行不輟，老而彌堅，壯心不已。

茲錄陸游詩二首，以資佐證：

書憤

早歲那知世事艱，中原北望氣如山。
樓船夜雪瓜洲渡，鐵馬秋風大散關。
塞上長城空自許，鏡中衰鬢已先斑。
出師一表真名世，千載誰堪伯仲間？

殘年

殘年垂八十，高臥豈逃名？
泥巷多牛跡，茅檐有碓聲。
炊菰觴父老，煮棗哺雛嬰。
遺戍雖傳說，何時復兩京？

二、良好的生活習慣

陸游年逾花甲時，尚能保持早起早睡良好的生活習慣。他黎明即起床，呼吸新鮮空氣。午間午睡，以補充體力，晚上常讀書到「二更鼓盡」就寢，從不熬夜，睡前洗腳梳頭，以收醒腦寧神之效。他平常愛好散步，「一日不病出忌歸，繞村處處扣柴扉」。「飯罷忌久坐」，散步已成為他良好的生活習慣。

他在《晨起》一詩中，曾略述一天的作息時間：

老尚貪書課，黎明即下床。
不驚天乍冷，更覺意差強。
蟾滴初添水，螭爐旋炷香。
浮生又一日，開卷就窗光。

三、節制飲食，對症服藥

陸游對於飲食甚為重視，主張清淡，多喫蔬菜，要食量有節，少飽則止，過食厚味，易損心脾。

若患小病，切勿忽視，因為「死非一日至，小疾為前驅」，不要讓小病變成大病，但他又認為「小疾深居不喚醫」，只要注意適當運動和調攝精神，小疾自會痊癒。不得已服藥，必須對症，體弱時可酌服補藥。

關於生病時如何服藥，他在《野興》詩中云：

藥與疾相當，何恙不能已？
良醫善用藥，疾去藥亦止。
晨哺節飲食，勞佚時卧起。
藉此來長生，耄期直易爾。

四、廣泛愛好，體常小勞

陸游平日有廣泛的嗜好，他喜歡種花、釣魚、旅遊、登山。至於讀書、寫作更是他的長年功課。他是一個多產的詩人，除去散失和刪去的以外，現存的詩共有九千三百多首。詩中充滿愛國激情。

陸游平日家居時，喜歡整理居室，澆花抱孫，樂在其中。他有詩云：

「整書拂几當閑嬉，時取曾孫竹馬騎。故放小勞君會否，戶樞流水即吾師。」

他還有一首題名「小勞」的詩：

八十身猶健，生涯學灌園。
午窗無一事，梨棗弄諸孫。

又「冬日齋中即事」（之一）云：

一帚常在傍，有暇即掃地。

既省課童奴，亦以平血氣。
按摩與導引，雖善亦多事。
不如掃地法，延年直差易。

五、培養元氣，吐納按摩

陸游養生，平日注重培養元氣，所謂「養生孰爲本？元氣不可虧」。何謂「元氣」？謂人之精氣也。亦即精神氣度，爲生命的根本。只有注重養生，才能使元氣內充，抵抗疾病的侵害。

陸游平日堅持練氣功，眼睛微閉，徐徐呼吸，所謂「默觀鼻端白，正氣徐自還」。他練完氣功，即繼行按摩，所謂「吐納餘閑即按摩」，包括飯後的「揉腹功」，以助消化。

他在《雜感(一)》詩中曾經提到培養元氣爲養生之本：

養生孰為本？元氣不可虧。
秋毫失固守，金丹亦奚為？
所以古達人，一意堅自持。
魔鬼雖百萬，敢犯堂堂師！

最後，談到陸游的休閒生活。他晚年隱居鄉村二十多年，生活雖然清苦，但日與自然爲伍，與人無爭，賦詩消遣，清閒自在。八十高齡時還「短帽簪花舞道傍，年高八十尚清狂」、「花前自笑童心在，更伴群兒竹馬戲」、「八十可憐心尚孩，看山看水不知回」。八十老翁童心未泯，最後活到八十五歲。這就是陸游的養生秘訣。

最後，引錄陸游所作《戲作野興》一首如左：

省事貧猶富，寬懷客勝家。
玄虛一簞飯，遺睡半甌茶。
有興閑垂釣，逢歡醉插花。
皋橋亦可死，處處有天涯。

十、李笠翁的養生之道

李漁，字笠翁，明末清初錢塘人，生於西元一六一一年，歿於一六八〇年，享年七十。康熙中，流寓金陵。以所著《閒情偶寄》一書聞名於世。該書內容分爲八部，即詞曲、演習、聲容、居室、器玩、飲饌、種植、頤養，都是三百多年前士人的生活情趣，相當現今的休閒生活，不過著重點不同而已。本文僅介紹其頤養部分，以供參考。

笠翁談頤養之道分爲行樂、止憂、調飲饌、節色慾、卻病、療病等項，其中以行樂一項最爲精彩。

及時行樂

貴人行樂之法：達官貴人每日忙於公務和應酬，行樂之時似乎甚少，其實不然，笠翁認爲：「樂不在外而在心，心以爲樂，則是境皆樂，心以爲苦，無境不苦。」其次，善行樂者，必先知足。語云：知足不辱，知止不殆。不辱不殆，則至樂在其中矣。笠翁曾舉例說明：「從來人君之善行樂者，莫過於漢之文景，其不善行樂者，莫過於武帝。以文景於帝王應行之外，不多一事，故覺其逸；武帝則好大喜功，且簿帝王而慕神仙，是以徒見其勞。人臣之善行樂者，莫過于唐之郭子儀，而不善行樂者，則莫如漢之李廣。子儀既拜汾陽王，志願已足，不復他求，故能極欲窮奢，備享人臣之福；李廣則恥不如人，必欲封侯而後已，是以獨當單于，卒致失道後而自剄死。」

富人行樂之法：「勸貴人行樂易，勸富人行樂難。何也？財爲行樂之資，然勢不宜多，多則反爲累人之具。財多則思運，不運則生息不繁，然不運則已，一運則經營慘淡坐起不寧，其累有不可勝言者。財多必善防，不防則爲盜賊所有，而且以身殉之。然不防則已，一防則驚魂四繞，風鶴皆兵，其恐懼觳觫之狀，有不堪目睹者。且財多必招忌，語云：溫飽之家，衆怨所歸，以一身而爲衆射之的，方且憂傷慮死之不暇，尚可與言行樂乎哉！甚矣，財不可多，多之爲累一至此也。然則富人行樂，其終不可冀乎？曰：不然。多分則難，少斂則易。其爲樂也，亦同貴人，可不必於持籌握算之外，別尋樂境，即此寬租減息，仗義急公之日，聽貧民之歡欣贊頌，即當兩部鼓吹，受官司之獎勵稱揚，便是百年華袞，榮莫榮於此，樂亦莫樂此矣。至於悅色娛聲，眠花藉柳，構堂建廈，嘯月嘲風諸樂事，他人欲得，所患無資，業有其資，何求弗遂？是同一富也，昔爲最難行樂之人，今爲最易行樂之人矣。」

窮人行樂之法：「別無良法，亦祇有退一步法：我以爲貧，更有貧於我者，我以爲賤，更有賤於我者，以此居心，則苦海盡成樂地。不獨居心爲然，即鑄體鍊形，亦當如是。」笠翁自述其經驗云：「譬如夏日苦炎，明知爲室廬卑小所致，偏向驕陽之下來往片時，然後步入室中，則覺暑氣漸消，不似從前酷烈。若畏其湫隘而投寬處納涼，及至歸來，炎蒸又加十倍矣。冬日苦冷，明知爲牆坦單薄所致，故向風雪之中行走一次，然後歸廬返舍，則覺寒威頓減，不復凜冽如初。若避此荒涼而向深居就燠，及其再入，戰慄又作何狀矣。由此類推，則所謂退步者，無地不有，無人不有，想至退步，樂境自生。予爲兩間第一困人，其能不死於憂患，不枯槁於迍邅蹭蹬者，皆用此法。又得管城一物，相伴終身，以掃千軍則不足，以除萬慮則有餘，然非善作退步，即楮墨亦能困人。想虞卿著書，亦用此法，我能公世，彼特秘而未傳耳。」

道途行樂之法：即旅遊觀光之樂。笠翁所言有兩種涵義：一爲旅遊之人，備受行路之苦，始知居家之樂；二爲旅遊之人，獲覽名山大川增廣見聞之樂。他說：「逆旅二字是概遠行，旅境皆逆境也。然不受行路之苦，不知居家之樂。此等況味，正須一一嚐之。予遊絕塞而歸，鄉人訊曰：『邊陲之遊樂乎？』予曰：『樂。』有經其地而憚焉者曰：『地則不毛，人皆異類。睹沙場而氣索，聞鉦鼓而魂搖，何樂之有？』予曰：『向未離家，謬謂四方一致，其飲饌服飾皆同於我，及歷四方，知有大謬不然者。然止遊通邑大都，未至窮邊絕塞。又謂遠近一理，不過稍變其制而已矣。及抵邊陲，始知地獄即在人間，羅刹原非異物，而今而後，方知人之異於禽獸者幾希，而近地之民，其去絕塞之民者，反有霄壤幽明之大異也。不入其地，不睹其情，烏知生於東南，遊於都會，衣輕席煖，飯稻羹魚之足樂哉。此言出遊之人，視居家之樂爲樂也，然未至還家，則終覺其苦。」

他又說：「又有視家爲苦，借道途行樂之法，可以暫娛目前，不爲風霜車馬所困者，又一方便法門也。向平欲俟婚嫁既畢，遨遊五嶽。李固與弟書，謂周觀天下，而獨未見益州，似有遺憾。太史公因遊名山大川，得以史筆妙千古。是遊也者，男子生而欲得，不得即以爲恨者也。有道之士，尚欲挾資裹糧，專行其志，而我以糊口資生之便，爲益聞廣見之資，過一地即覽一地之人情，經一方則睹一方之勝概，而且食所未食，嘗所欲嘗，蓄所餘者而歸遺細君，似得五侯之鯖，以果一家之腹，是人生最樂之事也。」

午睡之樂：養生之道，睡眠與飲食、運動同樣重要，缺一不可。古人尺牘中常有「敬維動定咸宜，眠食勝常」成語，含意甚深。笠翁談到睡眠之樂，謂睡有睡之時，睡有睡之地，睡又有可睡不可睡之人。更嚮往夏天午睡之樂。他說：

前人睡詩云：「花竹幽窗午夢長，此中與世暫相忘，華山處士如容見，不覓仙方覓睡

方。」近人睡訣云：「先睡心，後睡眼。」此皆書本唾餘，請置弗道，道其未經發明者而已。

睡有睡之時，睡有睡之地，睡又有可睡不可睡之人，請條晰言之。由戌至卯，睡之時也。未戌而睡謂之先時，先時者不祥，謂與疾作思臥者無異也。過卯而睡，謂之後時，後時者犯忌，謂與長夜不醒者無異也。且人生百年，夜居其半，窮日行樂，猶苦不多，況以睡夢之有餘，而損宴游之不足乎。

有一名士善睡，起必過午。先時而訪，未有能晤之者。予每過其居，必俟良久而後見。一日悶坐無聊，乃取舊詩一首，更易數字而嘲之曰：「吾在此靜睡，起來常過午，便活七十年，止當三十五。」同人見之，無不絕倒。此雖謔浪，頗關至理。是常睡之時，止有黑夜，舍此皆非其候矣。

然而午睡之樂，倍於黃昏，三時皆所不宜，而獨宜於長夏，非私之也。長夏之一日，可抵殘冬之二日。長夏之一夜，不敵殘冬之半夜，使止息於夜而不息於晝，是以一分之逸，敵四分之勞，精力幾何，其能堪此？況暑氣鑠金，當之未有不倦者，倦極而眠，猶飢之得食，渴之得飲，養生之計未有善於此者。午餐之後，略踰寸晷，俟所食既消，而後徘徊近榻。又勿有心覓睡，覓睡得睡，其為睡也不甜，必先處於有事，事未畢而忽倦。睡鄉之民自來招我，桃源天台諸妙境，原非有意造之。皆莫知其然而然者。予最愛舊詩中有「手倦拋書午夢長」一句，手書而眠，意不在睡，拋書而寢，則又意不在書，所謂莫知其然而然也。睡中三昧，惟此得之，此論睡之時也。

睡又必先擇地，地之善者有二：曰靜，曰涼。不靜之地，止能睡目，不能睡耳，耳目兩岐，豈安身之善策乎？不涼之地，止能睡魂，不能睡身，身魂不附，乃養生之至忌也。

至於可睡不可睡之人，則分別於忙閒二字。就常理而論之，則忙人宜睡，閒人可以不必睡。然使忙人假寐，止能睡眼，不能睡心，心不睡而眼睡，猶之未嘗睡也。其最不受用者，在將覺未覺之一時，忽然想起某事未行，某人未見，皆萬萬不可已者，睡此一覺，未免失事妨時。想到此處，便覺魂趨夢繞、膽怯心驚，較之未睡以前，更加煩躁，此忙人之不宜睡也。閒則眼未闔而心先闔，心已開而眼未開。已睡較未睡為樂，已醒較未醒更樂，此閒人之宜睡也。然天地之間能有幾個閒人？必欲閒而始睡，是無可睡之時矣。有暫逸其心以安夢魂之法：凡一日之中，急切當行之事，俱當於上半日告竣，有未竣者，則分遣家人代之，使事事皆有著落，然後尋床覓枕以赴黑甜，則與閒人無別矣，此可睡之人也。而尤有吃緊一關，未經道破者，則在莫行歹事，半夜敲門不吃驚，始可於日間睡覺，不則一聞剝啄，即是邏卒到門矣。

步行之樂：笠翁之言曰：「貴人之出，必乘車馬，逸則逸矣，然於造物賦形之義略欠周全，有足而不用，與無足等耳。反不若安步當車之人，五官四體皆能適用，此貧士驕人語。乘車策馬，曳履搴裳，一般同是行人，止有動靜之別，使乘車策馬之人，能以步趨爲樂，或經山水之勝，或逢花柳之妍，或遇戴笠之貧交，或見負薪之高士，欣然止馭，徒步爲歡，有時安車而代步，有時安步以當車，其能用足也又勝貧士一籌矣。至於貧士驕人，不在有足能行，而在緩急出門之可恃，事屬可緩，則以安步當車，如其急也，則以疾行當馬，有人亦出，無人亦出，結伴可行，無伴亦可行。不似富貴者假足於人，人或不來，則我不能急出，此則有足若無，大悖謬於造物賦形之義耳。與言及此，行殊可樂。」

宴飲之樂：笠翁云：「宴集之事其可貴者有五：飲量無論寬窄，貴在能好；飲伴無論多寡，貴在善談；飲具無論豐嗇，貴在可繼；飲政無論寬猛，貴在可行；飲候無論短長，貴在能止。備此五貴，始可與言飲酒之樂，不則麴蘗賓朋，皆鑿性斧身之具也。予生平有五好，又有五不好，事則相反，乃其勢又可並行而不悖。五好五不好維何？不好酒而好客，不好食而好談，不好爲長夜之歡，而好與明月相隨而不忍別；不好爲苛刻之令，而好受罰者欲辯無辭；不好使酒罵座之人，而好其於酒後盡露肝膈。坐此五好五不好，是以飲量不勝蕉葉，而日與酒人爲徒。生平又有一種癖好癖惡，癖好音樂，每聽必至忘歸，而又癖好座客多言，與酒肉之音相亂。飲酒之樂，備於五貴五好之中，此皆爲宴集賓朋而設，若在家庭小飲，與燕閒獨酌，其爲樂也，全在天機逗露之中，形跡消忘之內，有飲宴之實事，無酬酢之虛文，睹兒女笑啼，認作斑斕之舞，聽妻孥勸誡，若聞金縷之歌。苟能作如是觀，則雖謂朝朝歲旦夜夜元宵可也，又何必座客常滿，樽酒不空，日藉豪舉以爲樂哉。」

閒談之樂：笠翁云：「讀書最樂之事，而有人常以爲苦，清閒最樂之事，而有人病其寂寞。就樂去苦，避寂寞而享安閒，莫若與高士盤桓文人講論，何也？與君一夕話，勝讀十年書，既享一夕之樂，又省十年之苦，便宜不亦多乎？因過竹院逢僧話，又得浮生半日閒，又免多時之寂寞，快樂可勝道乎。善養生者，不可不交有道之士，而有道之士多有不善談者，有道而善談者，人生稀睹。是當時就口招，以備開聾啓聵之用者也。即云我能揮麈，無假於人，亦須借朋儕啓發，豈能若西域之鐘篪，不叩自鳴者哉。」

以上所舉貴人、富人、窮人、道途行樂之法，以及午睡、步行、宴飲、閒談之樂，都是李笠翁所談行樂方法之例證，頗具啓發性，值得我們吟味。此外，他還談到家庭行樂之法，春、夏、秋、冬四季行樂之法，以及隨時即景就事行樂之法，包括睡、坐、行、立、飲、談、沐浴、聽琴、觀棋、看花、賞鳥、蓄養禽魚、澆灌花竹等，其中除睡、行、飲、談四項前已引錄外，其餘從略。

其他頤養之道

笠翁談頤養之道，除上述行樂一節特詳外，尚談到止憂、調飲饌、節色慾、卻病、療病等項，茲簡述前三項如下，至於卻病、療病二項殊少參考價值，從略。

止憂法：憂不可忘，可忘非憂，但憂可止，止即可以忘之也。止憂之法有五：一曰謙以省過，二曰勤以礪身，三曰儉以儲費，四曰恕以息爭，五曰寬以彌謗。率此而行，則憂之大者可小，小者可無。

調飲饌：生平愛食之物，即可養身。論語鄉黨一篇，半屬養生之法。孔子性嗜薑，即不撤薑食，性嗜醬，即不得其醬不食，皆隨性之所好。其次，欲調飲食，先勻飢飽，大約飢至七分而得食，斯爲酌中之度，然七分之飢，亦當予以七分之飽，寧失之少，勿犯於多。再次，怒時、哀時、倦時、悶時勿食，以免防害消化。按笠翁之說頗合衞生之道。

節色慾：節慾保健，無人不知，難在力行。他曾例舉六種節慾方法，即節快樂過情之慾，節憂患傷害之慾，節飢飽方殷之慾，節勞苦初停之慾，節新婚乍御之慾，以及節隆冬盛暑之慾。隆冬盛暑，最忌行樂，最難節慾。笠翁云：「當此二時，勸人節慾，似乎不情，然反此即非保身之道。節之爲言，明有度也，有度則寒暑不爲災，無度則溫和亦致戾。節之爲言，示能守也，純守則日與周旋而神旺，無守則略經點綴而魂搖。由有度而馴至能守，由能守而馴至自然，則無時不堪昵玉，有暇即可憐香。」順其自然，保身爲要，笠翁此言，不啻金玉。

最後，讓我們再欣賞一下李笠翁夏季鄉居的快樂生活：

> 追憶明朝失政以來，大清革命之先，予絕意浮名，不干寸祿，山居避亂，反以無事為榮。夏不謁客，亦無客至，匪止頭巾不設，併衫履而廢之。或裸處亂荷之中，妻孥覓之不

得，或偃臥長松之下，猿鶴過而不知。洗硯石於飛泉，試茗奴以積雪，欲食瓜而瓜生戶外，思啖果而果落樹頭。可謂極人世之奇閒，擅有生之至樂者矣。後此則徙居城市，酬應日紛，雖無利欲薰人，亦覺浮名致累。計我一生，得享列仙之福者僅三年，今欲續之，求為閏餘而不可得矣。

十一、康熙皇帝的養生之道

康熙，本名愛新覺羅・玄燁（西元一六五四—一七二二年），順治帝的第三子，康熙爲其紀年，八歲登上帝位，六十九歲逝世，在位六十一年，爲歷代在位最久的皇帝。他開創了華夏歷史繼漢唐的第三個盛世。幼年得其祖母悉心教導，使他念念不忘：「朕自幼齡學步能言時，即奉聖母慈訓，凡飲食、動履、言語，皆有矩度，雖平居獨處，亦教以罔敢越軼，少不然即加督過，賴是以克有成。」

康熙晚年對自己一生做過總結，他的作風是 *1.* 勤於政務，力求天下大治。*2.* 運籌帷幄，披堅執銳統一國家。*3.* 愛民節用，蠲免錢糧無數。*4.* 發展生產，使老百姓富裕。*5.* 力戒驕奢，生活作風樸素。他的重要成就爲：收擒鰲拜，使皇權不旁落，平定以吳三桂爲首的三藩之亂，爭取台灣鄭成功回歸祖國。整治黃河、淮河，疏導入海，造福苦難黎民。他的最大缺失是大興文字獄。

康熙在位時曾頒「聖諭十六條」，並「曉諭八旗及各省府州縣等切實遵行」，其內容如下：

敦孝弟，以重人倫；篤宗族，以昭雍穆；
和鄉黨，以息爭訟；重農桑，以足衣食；
尚節儉，以惜財用；隆學校，以端士習；
黜異端，以崇正學；講法律，以儆愚頑；
明禮讓，以厚風俗；務本業，以定民志；
訓子弟，以禁非為；息誣妄，以全良善；
誡窩逃，以免株連；完錢糧，以省催科；
聯保甲，以弭盜賊；解仇忿，以重身命。

這十六條聖諭中，強調儒家的孝弟、和睦、勤勞、守法、明禮等。康熙曾下令建孔廟，落成時，親至太廟祭孔。並在碑文中云：「範圍百代，陶甄萬類，道備春秋，德參天地。」他的尊孔崇儒，既爲治國，亦爲修身。他出身於少數民族，卻能博學多才，深通經史，樸素踏實，胸懷大志。

康熙的日常生活崇尚儉樸。衣著樸素。出外除騎馬外，往往乘坐肩輿，不乘八抬大轎。他在養生方面，曾有一詩云：

澹泊生精液，清虛樂有餘。
鬢霜慚薄德，神疲恐高譽。

苦好山林趣，深耽性道書。
山翁多耄耋，粗食並園蔬。

詩中提到的清虛、澹泊、謙和、樸素就是他養生的要旨，正如諸葛亮所說的「寧靜以致遠，澹泊以明志」。

康熙身爲皇帝，日理萬機，但他仍抽空多作形體上的勞動，尤其喜歡打獵。當康熙五十八年時統計，自幼年起用鳥槍弓箭獲虎一三五隻，熊二〇隻，豹二五隻，麋鹿一四隻，狼九六隻，野貓一三二頭，其餘圍獵射獲尚不包括在內。有一次一日內射兔一一八隻。

他一生好學，不僅對國學有根柢，對於西學也有很高的造詣。於琴棋書畫詩文，無所不習。他的養生主張是「恒勞而知逸」，經常從勞動中獲得快樂。理由是：

世人皆好逸惡勞，朕心則謂恒勞而知逸。若安於逸，則不惟不知逸，而遇勞即不堪矣。故《易》有云：「天行健，君子以自強不息。」由是觀之，聖人以勞為福，以逸為禍也。

康熙悟到只有在不斷的勞動中，才能眞正了解安逸的意義，與一般人的好逸惡勞觀念不同。

康熙還有一個觀念値得一提，就是每遇軍事或政治上有輝煌的業績時，群臣都要爲他上尊號，他一概拒絕，他說：「自茲以後，無相侵擾，親睦雍和，永享安樂，更勝於上尊號矣。」從此不爲虛名所累，而成爲中國歷史上福壽雙全的皇帝。

康熙皇帝還有一項優點，就是他能虛心反省，自我檢討。他說：「清夜自問，移風易俗，未能也；躬行實踐，未難也；知人安民，未能也；家給人足，未難也；柔遠能邇，未能也；治臻上理，未能也；言行相顧，未能也。自覺汗顏。」可見他的謙虛，古人說：「滿招損，謙受益。」所以他能成爲我國歷史上在位最久的皇帝。

康熙最重要的養生哲學應當是「無逸致壽論」，他說：

始皇既併天下，方士爭言不死之藥，於是遣使訪三神山，久之，藥卒不可得。武帝敬鬼神之事，祠太乙，建飛廉館，作柏梁台，以招天神之屬。游心茫思者數年，究無左驗，乃嘆愚惑。憲宗招求方士，用柳泌為刺史。求仙藥，後服之日益燥渴。夫中宗、高宗、文王之敬修其德，而享福者若此；始皇、武帝、憲宗之博養其生，而寡效者若彼。然則帝王致壽之道，從可識矣。宋儒呂祖謙曰：「敬之方，壽之理也。蓋無逸則主敬，主敬則無欲，無欲者仁也。」孔子曰：「仁者壽。」、「仁則有德」、「大德必得其壽」，舜年百有十歲是也，則壽之理亦視其德之盛衰為如何耳。朕願後世之為君者，無惑於神仙之說，而第示無逸之旨，則身與天下皆蒙其福矣。

康熙的無逸致壽論，主旨就是勤勞可使人長壽，不要貪圖逸樂，至於鬼神和神仙之說，決不可相信。這就是康熙的養生之道。

十二、乾隆皇帝的養生之道

依常理而論，一個貴爲帝王的人，一切予取予求，快樂逍遙，應該能夠長生不老，壽至彭祖。但事實不然，在我國數千年的歷史中，長壽的皇帝並不多，八十歲以上的僅有五人：南北朝的梁武帝（蕭衍）八十六歲，唐朝的武則天八十二歲，南宋高宗（趙構）八十一歲，元世祖（忽必烈）八十歲，以及清高宗乾隆皇帝八十九歲。七〇—七九歲的也僅有五人：漢武帝（劉徹）七十歲，三國時的吳大帝（孫權）七十一歲，唐高祖（李淵）七十歲，唐玄宗（李隆基）七十八歲，明太祖（朱元璋）七十一歲。

根據統計，從漢高祖到清光緒的二千一百多年中，有生卒年月可考的皇帝有二百零八位，其中在二十四歲到四十歲之間死亡的最多，其次是四十一歲到六十歲，能活到六十歲以上的不足五分之一。壽終正寢的皇帝平均壽命是四十三歲。如果將死於非命的皇帝合計，皇帝的平均壽命衹有三十八歲。

歷代皇帝短命的原因，除去政治因素外，主要是由於皇帝本人的修養不夠，受慾望和情緒的支配，不能遵循宮廷制度。清乾隆皇帝是秦漢以來歷代皇帝中壽數最高的皇帝，他二十五歲登基，執政六十年，因不欲超過康熙皇帝執政年數，在八十五歲時內禪爲太上皇，去世時八十九歲（虛歲）。

歷代皇帝中壽命最長的清代乾隆皇帝（西元一七一一—一七九九），其長壽的秘訣爲何？值得吾人深入研究。近年來據一位清朝內廷後裔傳出其長壽秘訣，概括爲十六字訣，即「吐納肺腑，活動筋骨，十常四勿，適時進補」。茲簡釋如左：

吐納肺腑：黎明即起，往室外空氣清新的地方做深呼吸運動，並持之以恒。

活動筋骨：經常作體育、武術鍛鍊，以增強抗病能力。

十常四勿：「十常」：即身體上十個部位要經常運動：齒常叩、津常咽、耳常彈、鼻常揉、眼常運，面常擦，足常摩，腹常旋（用手在腹部作圓周式搓揉），肢常伸，肛常提。「四勿」：即食勿言，寢勿語，飲勿醉，色勿迷。

適時進補：人到中老年應適時吃營養的補品，以增強抗病能力。

乾隆長壽的原因，根據清宮醫案研究專家陳可冀教授的研究，主要因素有三：一是他愛好運動，喜歡狩獵，遍遊名山大川；二是節飲食，慎起居；三是長期對症服用補藥。此外，他喜讀經史，常以詩人自居，作詩自娛。又喜鑑賞歷代書畫，將宮中收臟之歷代書畫名作，題詠幾遍。亦均有助於修心養性，因而益壽延年。

十三、曾國藩的養生之道

曾國藩字滌生，湖南湘鄉人。生於清嘉慶十六年（西元一八一一年），歿於同治九年（一八七二年），享年六十二歲。道光進士，曾任禮部侍郎。曾平定洪楊之亂，爲同治中興第一功臣。

曾國藩曾立下四句座右銘：「不爲聖賢，便爲禽獸；莫問收穫，但問耕耘。」第一、二句言修養的主旨在於希聖希賢，立志做完人；第三、四句言修養的態度，困知勉行，水到渠成。

一、養生總綱

他的養生總綱有「八本」，即「讀書以訓詁爲本，詩文以聲調爲本，事親以得歡心爲本，養生以少惱爲本，立身以不妄語爲本，居家以不晏起爲本，居官以不要錢爲本，行軍以不擾民爲本。」其中「養生以少惱爲本」，就是注重控制情緒，少發脾氣。

曾國藩的身體素弱，時有失眠、吐血、耳鳴、咳嗽、癬疥等疾病，全賴養生得法，居然能壽過花甲。他的保身之道甚多，注重清心寡欲，居敬主靜。他有「養生要言」五條：

一、一陽初動處，萬物始生時，不藏怒焉，不宿怨焉。

二、內而整齊思慮，外而敬慎威儀，泰而不驕，威而不猛。

三、飲食有節，起居有常，作事有恒，容止有定。

四、擴然而大公，物來而順應；裁之吾心而安，揆之天理而順。

五、心欲其定，氣欲其定，神欲其定，體欲其定。

這五條保身之道，以精神修養爲主：第一條是懲忿，第二條是居敬，第三條是節欲，第四條是安心，第五條是主靜。其他養生之法多由此出。例如他的養生八字：「養生家之法，莫大於懲忿、窒欲、少食、多動八字。」保身三要：「節欲，節勞，節飲食。」養生五法：「養生之法約有五事：一曰眠食有恒，二曰懲忿，三曰節欲，四曰每夜臨睡洗腳，五曰每日兩飯後各行三千步。」

二、養身之法

曾國藩的養生之道，除上述者外，還有下列各項：

一、調眠食：「養生之道，視息眠食四字最爲要緊。息必歸海，視必垂簾，食必淡節，眠必虛恬。歸海謂藏息於丹田氣海也，垂簾謂平視不全開不苦用也。虛謂心虛而無營，腹虛而不滯也。謹此四字，雖無醫藥丹訣，而足以卻病矣。」又云：「養生之道當於眠食二字悉心體驗。食即平日飯菜，但食之甘美，即勝於珍藥也。眠亦不在多寢，但實得神凝夢甜，即片刻亦足攝生矣。」又云：「養生之道莫大於眠食。眠不必甘寢鼾睡而後爲佳，但能淡然無慾，曠然無累，閉目存神，雖不成寐，亦尚足以養生。」又云：「余少年讀書，見先君子於日入之後，上燈之前，小睡片刻，夜則精神百倍。余近日亦思法之，日入後於竹床小睡，燈後治事，果覺清爽。」

二、節制：他說：「吾欲凡事皆守『盡其在我，聽其在天』二語，即養生之道亦然。體強者如富人，因奢而益富；體弱者如貧人，因節嗇而自全。節嗇，非獨食色之性也，即讀書用心亦宜檢約，不使太過。余八本篇中，言養生以少惱怒爲本，又嘗教你胸中不宜太苦，須活活潑潑地養得一段生機，亦去惱怒之道也。既戒惱怒，又知節嗇，養生之道已盡其在我者矣。此外，壽之長短，病之有無，一概聽其在天，不必多生妄想去計較他。凡多服藥求禱神祇，皆妄想也。」

三、多食蔬菜：他說：「吾近夜飯不用葷菜，以肉湯炖蔬菜一二種，令極爛，味美無比，必可以資培養。菜不必貴，適口則足養人。星岡公（按國藩之祖父）好於日入時，手摘鮮蔬，以供夜餐。吾當時侍食，實覺津津有味。今則加以肉湯，而味尚不逮於昔時。後輩則夜飯不葷，專食蔬而不用肉湯，亦養生之宜，崇儉之道也。」

習勞：「紀澤之病已愈，但尚禁風。後輩體氣遠不如吾兄弟之強壯。吾所以屢教家人，崇儉習勞，蓋艱苦則筋骨漸強，嬌養則精力愈弱也。

靜坐：「樹堂來，與言養心養體之法。渠言捨靜坐更無下手處，能靜坐則天下之能事畢矣。因教我焚香靜坐之法。所言皆閱歷語，靜中眞味煞能領取。」

不輕服藥：「吾在外日久，閱事日多，每勸人以不服藥爲上策。治心以廣大二字爲藥，治身以不藥二字爲藥。」又云：「吾閱歷極久，但囑家中老幼不輕服藥，尤不輕服克伐之藥，即是善於養生之道。」按當時醫藥較不發達，當以不輕服補藥爲宜，並非任何病都不服藥。

三、養心之法

曾氏對於養心極爲重視，養心的言論甚多，除前已引者外，茲再引重要者如下：

曠達：「古來聖哲胸懷極廣，而可達天德者約有四端：如篤恭修己而生睿智，程子之說也；

至誠感神而致前知，子思之訓也；安貧樂道而潤身睟面，孔顏曾孟之旨也；觀物閒吟而意適神恬，陶白蘇陸之趣也。」又云：「富貴功名皆人世浮榮，惟胸次浩大是眞正受用。余近年專在此處下功夫，願與我弟交勉之。

平淡：「胸襟廣天，宜從平淡二字用功。凡人我之際須看得平，功名之際須看得淡，庶幾胸懷日闊。」

養氣：曾氏生平喜歡讀孟子養氣章，甚有心得。他說：「精神要常令有餘，於事則氣充，而心不散漫。」又云：「澄弟在家無事，每日可仍臨帖一百字，將浮躁處大加收斂。心以收斂而細，氣以收斂而靜，於字也有益，於身於家皆有益。」

知命：「思人心所以擾擾不定者，只爲不知命。陶淵明、白香山、蘇子瞻所以受用者只爲知命。吾涉世數十年，而有時猶起計較之心，若信命不及者，深可媿也。」又云：「天下萬事皆有前定，絲毫不能以人力強求，紛紛思慮，亦何補耶？以後當從樂天知命四字上用功。治事則日有恒課，治心則純任天命，兩者兼圖，終吾之身而已。」

豁達：「自古聖賢豪傑文人才士，其志事不同，而其豁達光明之胸襟大略相同。以詩言之，必先有豁達光明之識，而後有恬淡沖融之趣。如李白、韓退之、杜牧之，則豁達處多；陶淵明、孟浩然、白香山則沖淡處多。杜、蘇二公無美不備，而杜之五律最沖淡，蘇之七古最豁達。邵堯夫雖非詩之正宗，而豁達沖淡二者兼全。吾好讀莊子，以其豁達足益人胸襟也。」

三樂：「近日每苦心緒鬱悶，毫無生機，因思尋樂，約有三端：勤勞而後憩息，一樂也；至淡以消忮心，二樂也；讀書聲出金石，三樂也。」又云：「君子有三樂：讀書聲出金石，飄飄意遠，一樂也；宏獎人才，誘之日進，二樂也；勤勞而後憩息，三樂也。」

莊敬自強：「因念家中多故，紀澤兒病未全癒，心中焦慮之至。因集古人成語作一聯以自箴曰：『強勉行道，莊敬自強。』上句箴余近有鬱抑不平之氣，不能強勉以安命，下句箴余近有嬾散不振之氣，不能莊敬以自奮。」又云：「然困心橫慮，正是磨練英雄，玉汝於成。李申夫嘗謂余慪氣從不說出，一味忍耐，徐圖自強。引諺曰：『好漢打脫牙，和血吞。』此二語是余平生咬牙立志之訣。來信每怪運氣不好，便不是好漢聲口，惟有一字不說，咬定牙根，徐圖自強而已。」

勿自私自滿：「靜中細思：古今億萬年，無有窮期，人生其間，數十寒暑，僅須臾耳；大地數萬重，不可紀概，人生其中，寢處游息，晝僅一室耳，夜僅一榻耳。古人書籍，近人著述，浩如煙海，人生目光之所能及者，不過九牛之一毛耳。事變萬途，美名百途，人生才力之所能辦者，不過太倉之一粒耳。知天之大，而吾所歷者短，則遇憂患橫逆之來，當少忍以待其定；知地之大，而吾所居者小，則遇榮利爭奪之境，當退讓以守其雌。知書籍之多，而吾所見者寡，則不敢以一得自喜，而當思擇善而約守之；知事變之多，而吾所辦者少，則不敢以功名自矜，而當思舉賢而共圖之。夫如是則自私自滿之見，可漸漸消除矣。」

榮辱得失：「凡喜譽惡毀之心，即鄙夫患得患失之心也。於此關打不破，則一切學問才智適足以欺世盜名。」又云：「近年焦慮過多，無一日游於坦蕩之天，總由於名心太切，俗見太重二端。名心切，於學問無成，德行未立，不勝其媿餒；俗見重，故於家人之疾病及兄弟子孫之有無賢否強弱，不勝縈擾。用是憂慚跼蹐，如繭自縛。今欲去此二病，須在一淡字上著意，不特富貴功名及身家之順逆、子孫之旺否，悉由天定，即學問德行之成立與否，一大半關乎天事。一概淡而忘之，庶此心稍得自在。」

此外，曾國藩之律己、處人、治家、讀書等，均有一定規律，作息有恒，數十年如一日，故能以中等之資而下學上達，以柔弱書生而削平大亂，值得後人效法。

最後，謹錄曾氏詩一首如下：

治生不求富，讀書不求官。
修德不求報，為文不求傳。
譬如飲不醉，陶然有餘歡。
中含不盡意，欲辨已忘言。

十四、「十樂老人」高桐軒的養生之道

清代著名畫家高桐軒提出十條養生長壽之道，後人將它編入《中國畫家叢書》，稱為「老人十樂」，其內容如下：

一、耕耘之樂：伏案一日，把鋤半天，享受農家之樂，既能健壯身體，又有秋收之望，何樂而不爲？

二、把帚之樂：把帚掃地，抹桌淨几，舉手之勞，則窗明几淨，精神一快，樂趣亦寓其中。

三、教子之樂：教子孫以詩文書畫，既能養性，亦可立身，無憂無慮，豈不快哉。

四、知足之樂：富豪不必羨，公卿不足貴，而安貧樂道，吾愛吾業，豈非一樂？

五、安居之樂：吾鄉里居民，力耕而食，和睦爲鄰，不聞酷吏之呵斥聲，亦一大樂。

六、暢談之樂：與野老農夫縱談天下世外事，或測天候晴雨，或卜年景豐歉，坦胸暢敘，其樂陶陶。

七、漫步之樂：起身散步於中庭，或漫遊於柳岸花畦，心神煥然爽朗，襟懷爲之一暢。

八、沐浴之樂：冬月嚴寒不宜頻浴，餘三季該當常浴，活動筋脈，去除污垢，有益身心，眞乃一樂事也。

九、高臥之樂：每至炎暑伏天，白晝不宜作畫，竹枕蒲席，北窗高臥，薰風吹來，五內生涼，閉目養神，亦一樂也。

十、曝背之樂：冬日天氣晴和，每至日中，或坐場上，或倚北牆，迎日晒之，如披狐裘，通體溫暖，既活筋血，又強皮骨，其樂融融。

莊子的養生處世之道

——一九九〇年九月十七日第二次世界道學會議論文——

一、莊子思想是現代人處世的滑潤劑

我國的歷代知識份子，其處世的態度往往具有雙重標準。即當與人交往時，或出任公職時，莫不以儒家的道德標準作爲行爲依據，而當其處理私生活或退隱林下時，則往往以道家的態度爲依據。因此道家的生活態度影響中國的知識份子極大，直至現在仍然餘波蕩漾。

從另一方面看，每當政治清明，社會安定時，儒家思想常爲主流。每當政治動盪，社會大亂時，儒家思想便無能爲力，而由道家思想取而代之。因爲社會秩序混亂時，單憑道德已不足維繫人心，必須正本清源，找出動亂的根源，加以根治。何況人心不安，精神生活苦悶，必須道家的養生之道予以疏解調劑，方能化解困境，恢復正常生活。

道家思想，創始於老子，而集大成於莊子。莊子以其超人的智慧，放蕩不羈的態度，高瞻遠矚，飄然不群，有如『太空人』的行徑。這是現代哲學家給與道家尤其是莊子的美譽：「夫道家者『太空人』之最佳典型也。誠如莊子所喻之大鵬鳥：『怒而飛，其翼若垂天之雲』，『搏扶搖而上者九萬里……』。道家遊心太虛，騁情入幻，振翮沖霄，橫絕蒼冥，直造乎『寥天一』之高處，而灑脫太清，洗盡塵凡，復挾吾人富有才情者與之俱遊，縱橫馳騁，放曠流眄，據高臨下，超然觀照人間世之悲歡離合，辛酸苦楚，以及千萬種迷迷惘惘之情。」（引自方東美著『生生之德』二九五頁）於是悠然感嘆，我們置身於現代繁雜擾亂不安的社會中，如能以莊子的養生術作為生活的調劑，必能化解煩躁苦悶的情緒，鬆弛緊張忙亂的精神。莊子的處世之道不啻為現代人生活上的滑潤劑，精神上的清涼散。

二、莊子心目中的理想人物

儒家最高成就的人稱為聖人，道家最高成就的人莊子稱為「眞人」、「神人」、或「至人」。在「逍遙遊」篇中說到肌膚若冰雪，綽約若處子。不食五穀，吸風飲露。乘雲氣，御飛龍，而遊乎四海之外。其神凝，使物不疵癘而年穀熟。莊子是用浪漫手法，描寫「神人」的狀貌與行動，神人居住在姑射山中，肌膚像冰雪般的潔白，美好如處女一樣的柔婉，不食五穀，只吸清風，喝露水，乘著雲氣，駕御飛龍，而遨遊於四海之外。他的精神凝聚，能使農作物不受傷害，五穀豐收。這簡直不是人類所能，而是想像中的神仙。

莊子對於「至人」的描寫見於「齊物論」：「至人神矣！大澤焚而不能熱，河漢沍而不能寒，疾雷破山而不能傷，飄風振海而不能驚。若然者，乘雲氣，騎日月，遊乎四海之外。死生無變於己，而況利害之端乎！」在莊子筆下之「至人」，不怕熱，不怕冷，雷打而不受傷，風吹而不驚恐，駕著雲氣，騎著日月而遊於四海之外。生死的變化都對他毫無影響，何況利害的觀念。

莊子對於「眞人」的描寫最爲詳細，在「大宗師」篇中分爲四段，形容「眞人」的德性（文長不錄）大意是：古時候的眞人，睡覺時不作夢，醒來時不憂愁，飲食不求精美，呼吸特別深沉。不貪生，不怕死，泰然而處。不忘記自己的來源，也不追求自己的歸宿。忘懷一切，容貌安閒，神態巍峨而不畏縮，性情謙和而不自卑，介然不群並非堅持，心志開闊而不浮華，舒暢自適，和靄可親……。

具備「神人」、「至人」、「眞人」條件的人，才是莊子心目中理想的人物。不受外在因素的影響，不計較利害得失，甚至不在乎生死。只要認爲正當的事，就認眞去做，做了以後，不居功，不諉過。必須具有眞知灼見，盡力修養，鍥而不捨，才能達到與道相合的境界。

三、養生之涵義與總綱

莊子養生之道，他所說的養生，其涵義是廣義的。我們通常所說的養生之道，是指保健的方法，以身體健康爲主，最多只包括心理的健全。而莊子所說的養生，不但包括身心的保健，並且包括精神的護養，甚至處世的態度。

「養生主」篇，主旨在於護養生之主—精神，指出養神的方法為順任自然。第一節即提綱挈領的指出養生的重要與功能：「吾生也有涯，而知也無涯。以有涯隨無涯，殆已；已而為知者，殆而已矣。為善無近名，為惡無近刑。緣督以為經，可以保身，可以全生，可以養親，可以盡年。」

其中「緣督以為經」，意為在人生有涯而知識無涯的情況下，我們應該循中庸之道的意思。但後世的道家則把「督」字解為任督二脈之督脈，未免過於牽強。

至於行為上的標準，莊子指出要「為善無近名，為惡無近刑」，就是吾人作善事，不要懷有求名之心，更不要作惡事，以致被判刑罰。要忘掉善惡，順著自然的中道做事，這樣才可以保全生命，可以保全天性，可以扶養親屬，可以享受天年。

「養生主」篇接著以「庖丁解牛」的寓言故事說明處世之道。莊子以牛的筋骨盤結比喻複雜的社會，吾人處世當「因其固然」、「依乎天理」（順著自然的紋理），並以審慎警覺，（「怵然為戒」），而且收斂的態度，來處理一切事務。吾人處世如能達到這種境界，就近於道了。所謂「以無厚入有間，恢恢乎其於遊刃必有餘地矣。」庖丁自稱解牛的技術已進於道了，難怪文惠君聽了庖丁的一番話，悟到養生之道了。

四、如何處理人際關係

莊子在「養生主」，「人間世」兩篇的主旨，正如王船山指出，均爲「涉亂世以自全之妙術」。但「養生主」所論的多是原則和常理，而「人間世」所言者多爲實例，當時人際關係的錯綜複雜，揭露了統治者的一意孤行，視民如草芥，隨意殺戮。若要和這樣暴虐的統治者相處其困難可想而知。

莊子假託顏回向孔子提出了三種應付的態度：

㈠「端而虛，勉而一」－外貌端肅而內心謙虛，勉力行事而意志專一。

㈡「內直而外曲」－心裡耿直而外貌恭敬。

㈢「成而上比」－諫諍時引用古人的成語。

假託的孔子認爲當時的統治者暴虐成性，積重難返，以上三種態度與方法都不足以應付。顏回再請教孔老夫子有什麼方法，才可以應付統治者，孔子略一沉思，然後說出一番大道理來。

五、「心齋」與「坐忘」

莊子最重要的養生方法－「心齋」，是假孔子之口說出來的，他的話甚爲含蓄玄妙，而原文太古奧，還是用語體譯述，較易理解。

顏回說：「我沒有更好的辦法了，請問有什麼方法？」

孔子說：「你先齋戒，我再告訴你。您憑著成見去做事，是不易成功的。如果你以爲容易，那就不合自然的道理了。」

顏回說：「我家裡貧窮，不飲酒，不吃葷已經有好幾個月了，這樣可算是齋戒了嗎？」

孔子說：「這是祭祀齋戒，並不是『心齋』。」

顏回說：「請問什麼是『心齋』？」

孔子說：「你心志專一，不用耳去聽而用心去領會；不用心去領會而要用氣去領會。耳的作用止於聆聽外物，心的作用止於感應現象。氣乃是空明而能容納外物的。只要你達到空明的心境，道理自然與你相合。所以，「虛」（空明的心境）就是『心齋』。」

顏回說：「我在未聽到『心齋』道理的時候，不能忘我，聽到『心齋』道理之後，頓然忘了自己，這樣可算達到空明的心境嗎？」

孔子說：「對了，我告訴你，若能悠遊於藩籬之內而不爲名利所動，能夠接納你的意見的就說，不能夠接納你的意見的就不說。不走門路營求，心靈凝聚，而處理事情寄託於不得已，這樣就差不多了。」（註一）

莊子在顏回見仲尼的這則寓言中，言處世之道不必求名利，不可「端虛勉一」，不可「內直外曲」，也不可「成而上比」，唯有『心齋』一法，最爲適當。而「心齋」就是心境要能虛靜空明，使精神貫注，而不是空虛寂滅。實行「心齋」，始能忘機，而進入物我兩忘之境，則己化而物自化，此爲亂世處世之道。

與「心齋」相似的說法，莊子又在「大宗師」篇提出「坐忘」的方法。仍是以寓言的方法而提出。

「顏回曰：『回益矣。』仲尼曰：『何謂也？』曰：『回忘禮樂矣。』曰：『可矣、猶未也。』他日復見，曰：『回益矣。』曰：『何謂也？』曰：『回忘仁矣。』仲尼蹴然曰：『何謂坐忘？』顏回曰：『墮肢體，黜聰明，離形去知，同於大通，此謂坐忘。』仲尼曰：『同則無好也，化則無常也。而果其賢！丘也請從而後也。』」

其中「墮肢體，黜聰明，離形去知，同於大通」，能做到這幾點就是「坐忘」。所謂「墮肢體」，所謂「離形」，指的是擺脫生理上的願望，所謂「黜聰明」，所謂「去知」，指的是擺脫知識上的活動。莊子並不否定生理欲望，而是要節制，在性分內之欲望，莊子並不反對。在「坐忘」境界中以「忘知」最爲重要。有人解釋「坐忘」就是心不滯境的意思，也就是要有空明的心境，也就是要能「心虛」，所以「坐忘」與「心齋」是相通的，能做到「坐忘」的功夫，就離開「心齋」不遠了。

六、「形全精復，與天為一」

如前所述，莊子的養生觀念，包括精神與形體。「達生」篇即暢論此旨。指出通達生命實情的人，不重視財富名位和權勢，而應求形體健全，精神充足，即所謂「形全精復，與天爲一」。

「達生」篇首節即指出形神兼修的重要：

「通達生命實情的，不追求生命能不必要的東西；道達命運實況的，不追求命運所無可奈何的事物。保養形體必定先用物資，可是有些人物資豐富而形體卻保養不好；保有生命必定先不使脫離形體，可是有些人形體沒有離散，而生命卻已亡失了。生命的來臨不能拒絕，生命的離去不能阻止，可悲啊！世上的人以為保養形體就是保存生命，然而保養形體果真不足以保存生命，那麼世間的事還有什麼值得去做的呢？雖然不值得做，卻不可不去做，這樣去做便不免於累了。」（註二）

此段暢論「達生」的要義，能夠通達生命實情的，無論物質、精神都要有所節制，切勿過分追求以滿足無窮的欲望，因爲物質使用過當，非但對形體無益，反而有害，精神方面亦復如此。

然則要怎樣才能謀求解決呢？孔子進一步提出下列意見：

「要想免為形體勞累，便不如捨棄俗世之見，捨棄俗世之見就沒有拖累，沒有拖累就心正氣平，心正氣平就自然共同變化更新，和自然共同變化更新就接近道了。俗事值得捨棄而生命值得遺忘嗎？捨棄俗事就形體不勞累，遺忘生命中的事物就精神不虧損，形體健全，精神充足，便和自然合而為一，天地相合就成為形體，離散就返於未生的時候，形體精神都不虧損，這叫做『能移』；遺忘又遺忘，拋棄又拋棄，這叫做『能移』；遺忘又遺忘，拋棄又

拋棄，返歸本元，這才有助於自然的大道。」（註三）

要之，養生之道，無論精神或形體都同樣重要，並要符合自然（「與天爲一」），能合乎自然，必能形體健全，精神充足。

「達生」篇的第五節寓言故事，敘述田開與周威公對話，談到單豹「養其內而虎食其外」，張毅則「養其外而病攻其內」各有所偏廢，不是理想的養生之道。養生必須神形並重。最後，並假孔子之口諄諄告誡說：「不要太深入而潛藏，不要太表露而顯揚，像柴木一樣無心而立於動靜之中。三者都能做到，可稱至人。要是路有劫賊，行人怯畏，十人中有一人被殺害，於是父子兄弟就互相警戒，必要時多結夥伴才敢外出，不是也很聰明嗎！人所該畏懼的，是在枕席之上，飲食之間，可是不知警戒，這是很大的過錯啊！」（註四）由於「食色，性也」一般不知節制，往往色欲過度，暴飮暴食，把精神和身體都糟蹋了，甚爲可惜，所以莊子諄諄告誡，值得我們多多警惕。

附註

註一：原文參見莊子人間世篇第一節。

註二：「達生」篇第一節。

註三：同註二。

註四：「達生」篇第五節。

中外哲人的生死智慧

孔子

△季路問事鬼神，子曰：未能事人，焉能事鬼？曰：敢問死。曰：未知生，焉知死。（論語・先進・十二）

△子夏曰：商聞之矣。死生有命，富貴在天。（論語・顏淵・五）

△子曰：志士仁人，無求生以害仁，有殺身以成仁。（論語・衛靈公・九）

△愛之欲其生，惡之欲其死，既欲其生，又欲其死，是惑也。（論語・顏淵・十）

△子曰：天何言哉，四時行焉，百物生焉，天何言哉！（論語・季氏・十七）

△其生也榮，其死也哀，如之何其可及也。（論語・子張・廿五）

△子曰：事死如事生，事亡如事存，孝之至也。（中庸・十九）

△子曰：生事之以禮，死葬之以禮，祭之以禮。（論語・爲政・五）

△子曰：朝聞道，夕死可矣。（論語・里仁・八）

△子曰：暴虎馮河，死而無悔者，吾不與也，必也，臨事而懼，好謀而成者也。（論語・述

而・十一）

△曾子曰：鳥之將死，其鳴也哀；人之將死，其言也善。（論語・泰伯・四）

△曾子曰：士不可以不弘毅，任重而道遠，仁以爲己任，不亦重乎！死而後已，不亦遠乎！（論語・泰伯・七）

△顏淵死，子曰：噫！天喪予！天喪予！（論語・先進・九）

△顏淵死，子哭之慟，從者曰：子慟矣。曰：有慟乎？非夫人之爲慟而誰爲？（論語・先進・十）

△顏淵死，門人欲厚葬之，子曰：不可，門人厚葬之，子曰：回也，視予猶父也，予不得視猶子也，非我也，夫二三子也。（論語・先進・十一）

△子曰：自古皆有死，民無信不立。（論語・顏淵・七）

△子曰：幼而不孫弟，長而無述焉，老而不死，是爲賊。（此乃孔子罵人的話）（論語・憲問・四三）

孟子

△養生喪死無憾，王道之始也。（孟子・梁惠王上・三）

△君子之於禽獸也，見其生不忍見其死，聞其聲不忍食其肉，是以君子遠庖廚也。（孟子・

梁惠王上・七）

△曾子曰：生事之以禮，死葬之以禮，祭之以禮，可謂孝乎？（孟子・滕文公上・二）

△孟子曰：養生者不足以當大事，惟送死可以當大事。（孟子・離婁下・十三）

△生，亦我所欲也，義亦我所欲也，二者不可得兼，舍生而取義者也；生亦我所欲，所欲有甚於生者，故不爲苟得也。死亦我所惡，所惡有甚於死者，故患有所不辟也。（孟子・告子上・十）

△孟子曰：無敵國外患者國恒亡，然後知生於憂患而死於安樂也。（孟子・告子下・十五）

△孟子曰：哭死而哀非爲生者也。（孟子・盡心下・三十三）

△孟子曰：莫非命也，順受其正。是故知命者不立乎巖牆之下，盡其道而死者正命也。桎梏死者，非正命也。（孟子・盡心上・二）

易經

△易與天地準，故能彌綸天地之道，仰以觀於天文，俯以察於地理，是故知幽明之故，原始反終，故知生死之說。（繫辭上・三）

老子

△出生入死，生之徒，十有三；死之徒，十有三；人之生，動之於死地，亦十有三。夫何故？以其生生之厚。（老子・五十章）

△死而不亡者壽。（身死而「道」存者才是長壽）（老子・三十三章）

△人之生也柔弱，其死也堅強。萬物草木之生也柔脆，其死也枯槁。故堅強者死之徒。柔弱者生之徒。（老子・七十六章）

莊子

△莊子妻死，惠子吊之，莊子則方箕踞鼓盆而歌。惠子曰：「與人居，長子老身，死不哭亦足矣，又鼓盆而歌，不亦甚乎！」莊子曰：「不然，是其始死也，我獨何能無概然！察其始而本無生，非徒無生也而本無形，非徒本無形也而本無氣。雜乎芒芴之間，變而有氣，氣變而有形，形變而有生，今又變而之死，是相與為春秋冬夏四時行也。人且偃然寢於巨室，而我噭噭然隨而哭之，自以為不通乎命，故止也。（莊子・至樂篇）

△莊子將死，弟子欲厚葬之。莊子曰：「吾以天地為棺槨，以日月為連璧，星辰為珠璣，萬物為齎送。吾葬具豈不備邪？何以加此！」弟子曰：「吾恐烏鳶之食夫子也。」莊子曰：「在上

爲烏鳶食，在下爲螻蟻食，奪彼與此，何其偏也！」（莊子・列禦寇篇）

△爲善無近名，爲惡無近刑。緣督以爲經，可以保身，可以全生，可以養親，可以盡年。（莊子・養生主篇）

△死生，命也。其有夜旦之常，天也。人之有所不得與，皆物之情也。（莊子大宗師篇）

△古之眞人，不知說生，不知惡死；其出不訢（欣），其入不距（拒）；翛然而往，翛然而來而已矣。不忘其所始，不求其所終；受而喜之，忘而復之，是之謂不以心損道，不以人助天，是之謂眞人。（莊子・大宗師篇）

△夫大塊載我以形，勞我以生，佚我以老，息我以死。故善吾生者，乃所以善吾死也。（莊子・大宗師篇）

△生也死之徒，死也生之始，孰知其紀？人之生，氣之聚也，聚則爲生，散則爲死，若死生爲徒，吾又何患！（莊子，知北遊篇）

△人生天地之間，若白駒之過郤（或作隙），忽然而已。注然勃然，莫不出焉，油然漻然，莫不入焉。已化而生，又化而死，生物哀之，人類悲之，解其天弢（弓袋），墮其天袠（劍袋），紛乎宛乎，魂魄將往，乃身從之，乃大歸乎！（莊子・知北遊篇）

陶淵明

老少同一死，賢愚無復數。日醉或能忘，將非促齡具。立善常所欣，誰當爲汝譽？甚念傷吾生，正宜委運去。縱浪大化中，不喜亦不懼。應盡便須盡，無復獨憂慮。（神釋）

有生必有死，早終非命促。昨暮同爲人，今旦在鬼錄。魂氣散何之，枯形寄空木。嬌兒索父啼，良友撫我哭；得失不復知，是非安能覺！千秋萬歲後，誰知榮與辱；但恨在世時，飲酒不得足。（挽歌詩）

文天祥

孔曰成仁，孟曰取義，惟其義盡，所以仁至。讀聖賢書，所學何事，而今而後，庶幾無媿。（絕筆自贊）

辛苦遭逢起一經，干戈寥落四周星。山河破碎風抛絮，身世飄搖雨打萍。皇恐灘頭說皇恐，零丁洋裏歎零丁。人生自古誰無死，留取丹心照汗青。（過零丁洋）

天地有正氣，雜然賦流形；下則爲河獄，上則爲日星，於人曰浩然，沛乎塞蒼冥。……是氣所磅礴，凜烈萬古存。當其貫日月，生死安足論。地維賴以立，天柱賴以尊。三綱實繫命，道義爲之根……顧此耿耿在，仰視浮雲白。悠悠我心悲，蒼天曷有極！哲人日已遠，典型在夙昔，風

簷展書讀，古道照顏色。（節錄正氣歌）

蘇格拉底（Socrates, 469-399 B.C.）

人非得神召，不應自戕。

心靈解脫於肉體，正即吾人所謂死也。

君苟見有人臨死而悲者，即此已足證其非愛智者，乃愛身者也，恐亦即愛金錢及權勢者也。生者自死者而來，正猶死者由生者而致。審如是，足證死者之心靈必有寄存之所，然後始能復返於生。……若一切有生之物皆同趨於死，而死者永保其死，不復再生，則勢必一切同歸於盡，而靡有孑遺。以生者既不自死者而來，而又皆向死者而去，則一切物不其終爲死所吞没也乎。……故吾確信有復生，其生也即自死而來，且吾信死者之心靈必爲存在，而於善人之心靈尤然。

奇怪！大家爲什麼要哭呢？我之所以遣去婦女，就是爲了避免這種騷擾，因我曾聽人說，人應該安安靜靜地死去。你們鎮靜吧！大家必須忍耐！（以上錄自柏拉圖對話錄「菲獨」篇）

西塞羅（M.T. Cicero, 106-43 B.C.）

死亡降臨在年輕人頭上是暴風疾雨，對老年卻是瓜熟蒂落。想到這點就很安慰。當我迫近那一天時，會覺得有如一個人在漫長的航程後靠近碼頭一樣，爲看到陸地而欣喜。

死亡這一幕會帶來某些激動的情感，雖則如此，也是非常短暫的，尤其當死者是老年人的時候，過一段時間，愴痛就會消失歸於平靜。從我們年輕時代起，就要記住這一點。因爲這樣想可以使我們置死生於度外，沒有這種領悟，此心就永無寧日。因爲我們總不免一死，甚至就在當天。死神每一小時都可能降臨，你必須無所畏懼，否則會一輩子憂心忡忡。

如果不是靈魂完全消滅，就是把靈魂轉移到一個永生的地方。對於前者，我們可無關痛癢，對於後者，更是求之不得，這沒有第三種可能。如果死後我不是免除痛苦，就是享受極樂，我就沒有什麼可怕的了。

假如死後不朽做不到，則一個人死得其時仍然是值得安慰的。「自然」設定萬物的極限，對我們的生命也是如此。當生命的最後一幕—老年感到疲憊時，當我們活得夠長時，就是該走的時候了。（以上均摘自《論老年》一文）

尼采（F. Nietzsche, 1844-1900）

讓你們的對於生命的愛，是你們的對於最高希望的愛吧，讓你們的最高希望是生命的最高理想吧，但是，你們的最高理想就是這個：人類是應當被超越的。

生命是一道快樂之泉，但受傷的胃是痛苦之父，誰讓它說話，便會覺得一切的泉都被毒化了。

如果你們對生命有信仰些，你們便不會自棄於當前的一剎那。

許多人死得太晚，有些人又死得太早，最好是死得其時。

每個人都把死看得很重，然而死亡是沒有慶典的。

我告訴你們完成圓滿的死亡—這對生者是一種刺激和期望。

掌握生命的人，爲希望所圍繞，乃能獲致一個勝利的死亡。

一個人應該學習如何面對死亡。一個死者如果未曾和生者結誓盟，那麼他的死不該有祭典，這樣的死亡是最好的。其次是死於戰鬥，犧牲這偉大的靈魂。（以上均見《查拉杜斯屈拉如是說》

德日進(D. Teilhard, 1881-1955)

生命的意義，就是隨時準備死亡。

史懷哲(A. Schweitzer, 1875-1965)

唯有懷著尊重生命的精神力量，我們才能擔負建設文明國家的任務；唯有培養尊重生命的意識形態的力量，才能替全人類帶來永久的和平。

洞察自然越深，我們便愈能確認自然裏充滿生命。一切生命都是神秘的，我們與自然中的生命關係密切，一切生命都值得尊重。

雅士培 (K. Jaspers, 1883-1960)

一切生命皆含括在誕生與死亡之間，只有人類能認識死亡。

生和死是人生的兩端，人的生命雖可因醫藥進步而延長，但終於難免一死，人們對於死有兩種恐懼：一爲怕死的痛苦，一爲怕死亡後的虛無。將來醫藥進步也許可以避免死時的痛苦，如因衰弱而死或暴斃則毫無痛苦，至於死後的虛無也毋須恐懼，因爲虛無也是另一種形式的存在，最要緊的，在短暫的人生中，要能發揮生命的光輝，把握永恒的一環，成就不朽的一生。（以上均見《哲學淺論》）

人，是一定要超越他自己的一項存在。

片刻等於時間加上永恒。—死亡是一種「極限」情況，人們無法逃脫或改變。我們要把握生命存在的每一片刻，善予利用，努力超越自己，提升自己的生命，進入精神層次的永恒境界，才能實現存在。

海德格 (M. Heidegger, 1889-1976)

人生是邁向死亡的存有。（簡稱「人是向『死的存在』）(being-towards-death)「人生是一被拋擲到世間者，通常人在日常生活中之人生都是不眞實的人生。眞實的人生要透過怖慄感，死亡預想及良心罪惡之體驗，並發決心，以投射出人生之內在的眞可能，乃能顯出。在眞實的人生中，乃是人生之時間性，歷史性。」（唐君毅作《述海德格之存在哲學》

死亡是人生重要的怖慄之一種，唯有徹底認識死亡的意義，才能計畫實現整個的人生。人之怖慄死，乃怖慄人生之走向終結不可逃避之死之可能。人在日常生活中，並不常在怖慄死，反而在掩蔽死。此種態度並無可取，因爲掩蔽死，也就掩蓋了人生的眞相。所以我們要把對於死之掩蓋揭開，而能面對死亡，把握死亡，爲此才可戰勝死亡，超越死亡。（參見李煥明著《生命的探索》頁一二八——一三八）（一九九三年八月九日錄）

抗老與長生

——介紹最新的長生不老學說

「神龜雖壽，猶有竟時；騰蛇乘霧，終為土灰。老驥伏櫪，志在千里；烈士暮年，壯心不已。盈縮之期，不但在天；養怡之福，可得永年。幸甚至哉，歌以詠志。」

——曹操：龜雖壽

一、講求養生，可得長生

健康長壽，是自古以來人類所追求的目標，然而生老病死卻是一切生物不可抗拒的規律。據說上古之人有活到一千歲的，但並不可信。一般的人能活到百歲已是上壽。最近報載沙烏地阿拉伯有一位名叫胡結男的男人，現年一百四十五歲，他是沙國境內最老的男人，也可能是世界上目前存活最久的人類。

人類爲追求長生不老，自古至今都在探索研究。近年來世界各國科學家都在探求如何防衰抗老，延長人類的壽命。據說已經獲致相當成果，值得我們重視。

早在一千八百年之前，三國時代的曹操，已有先見之明，他認爲：「神龜雖壽，猶有竟時」，然而「盈縮之期，不但在天；養怡之福，可得永年」。只要講求養生之道，人人都可獲致健康長壽。本文擬介紹一種「永保青春，長生不老」的最新學說，以供參證採擇。

二、介紹「長生不老」的新學說

最近坊間出現一本翻譯的新書，書名是《不老的身心》（Ageless Body, Timeless Mind）。（遠流）原著者狄巴克．喬布拉（Deepak Chopra, M. D.），印度人，曾在美國塔芙茨（Tufts）大學和波士頓大學的醫學院授課，後爲新英格蘭紀念醫院總醫師，兼任《長壽》（Longevity）雜誌的醫學顧問，他的著作已被翻譯成二十五種以上的語言。

長久以來，人會老死，似乎已成爲不變的眞理，沒有人有勇氣提出質疑。本書卻提出「老化是可避免的」的全新觀點，挑戰傳統的老化觀念，引導讀者超越時間的藩籬。本書是以明確具體的論述，融會量子物理學、心理學、醫學、印度的瑜伽冥想，及東方的哲學思想，詮釋生、老、病、死的意義，揭示「老化是可以避免的」觀念，提出積極的長壽之道，期望人們不僅活得老，還要活得好。

該書共分五章，四五三頁，第一章從量子物理學的觀點，提出十項新原則，使人運用智慧，打破種種習以為常的老化觀念。第二章闡述老化與意識的關係，意識具有改變老化的力量，只要你接受了它，就能重新面對老化的問題。第三章探討壓力對老化的影響，指出身心靈的和諧統合，足以對老化產生免疫力。第四章檢驗一些新的科學發現，試圖找出長壽的主要關鍵，並提出「十項積極主動的掌控要訣」，幫助讀者開創更理想的長壽生活。第五章探討時間的意義，使人體會生命是永恒流動的事實，沒有生滅，只有形態的轉換。每章之末附有「實際練習」，使理論能與實際結合。

三、「長生不老」的十項新理念

以下摘要介紹「長生不老」的十個新理念。

近三十年來，上百種研究結果證實了人的老化不是必然的，而是因人而異，若要挑戰「老化」的核心精神所在，就必須先挑戰人對這整體世界的觀念，因為沒有其他東西比人心裏的信念更能控制人的身體。

以下十個新理念是根據已有百年歷史由愛因斯坦、玻爾、海森堡等發展而成的量子物理學而形成的，值得重視。

1.物質世界，包括我們的身體，都是觀察者的一種心理反射，我們在創造、體念自己的世界經驗的同時，也創造了自己的身體。物質世界沒有絕對的特性，我們只有一個感覺器官感應之後的世界。只要改變你的感應方式，便能改變你的世界，包括你的身體，例如，我們可以主動的控制心跳、呼吸、消化、賀爾蒙調節等，以預防老化，又如做「超覺靜坐」和「生理回饋」都已經證實有調節的功效。

2.本質上我們的身體不是由固體的物質所構成，而是由能量和知識(information)所構成。而我們身體裏的這些能量和知識，事實上只是廣大無垠的宇宙能量知識礦脈中的一小部分而已。宇宙（包括你的身體）的根本是非物質(non-stuff)，是一種有思想的非物質。每個原子內部的眞空有看不見的智慧振動著，這智慧主要存在於DNA（去氧核糖核酸）內。DNA將解碼之後的智慧傳送給RNA（核糖核酸），經過酵素製造出蛋白質，乃成生命。

我們的身體中有一部分對時間的摧殘有免疫的能力，一些古代大師早就經由精神修鍊保持年輕的身體而不衰老。印度人稱為「波勒那」(Prana)（譯為「生命力量」），它能受意志的操縱而增減移動，藉以保持肉體的健康年輕，瑜伽信徒只靠「專注」的力量便能使「波勒那」運作，因為「專注」即是「生命力量」——生命即是知覺，知覺即是生命。

3.「身」和「心」是不可分的一體。這個一體即是「我」，而「我」可分成兩股經驗：「我」所經驗到的主觀意識，即是思想感覺和慾望；而「我」所經驗到的客觀意識就是身體，然而基本上，這兩股意識經驗卻來自同一根源，也就是我們生命的根本源頭。

只要心理獲得合適的建設，身體便能產生所需要的生化反應，百分之三十的病人在服下寬心藥或「假藥」之後，和服下眞的止痛藥一樣，不再感覺疼痛。寬心藥不但能止痛，還能抑制潰瘍病人的胃酸分泌，或降低血壓，甚至還能抗癌，如果我們能夠有效發揮意志力，告訴自己不會老化，我們的身體便自然會去實踐。

許多老人之所以會衰弱，活動力低，通常都是由於習慣了蟄伏不動，只要重新喚起他們的意念積極活動，都會有戲劇性的進步。

意志力（intention）是注意力（attention）的積極表現，使我們能夠將不自覺、不自主的生理過程提升到有意識的自主層次。事實上意念的力量是可以隨時喚醒的。在你尙未言老之前，不斷地輸入青春永駐的程式，發揮你意志的力量，便能永遠不老。

*4.*身體的生化反應其實是知覺（awareness）的一種產物，例如由信念、思想和情感這些知覺所產生的諸多化學反應，能夠支撐每一個細胞的生命，而所謂老化的細胞，也就是知覺痲痺，了無新意之後所產生的結果。

根據研究報告，接受心理治療的癌症病人，比沒有接受心理治療的病人，存活年限平均長兩倍。感情並非孤立於內心，稍縱即逝，情感是知覺的表現，是生命最根本的東西，情感起了變化，身體必然反應出來，各種宗教的效能主要在此。

知覺可以改變老化，雖然每種高等生物都會老化，但唯有人類「知道」自己身體的變化，「知道自己老了」也是老化本身的一部分，對於「變老」這個現象覺得絕望，無可奈何的人會老得更快，反之，若能欣然接受它，便能免掉許多心理和生理的痲煩。「你覺得幾歲，你就是幾歲。」

*5.*知覺是一種後天學得的現象。你所存在的這個世界，包括你的身體經驗，完全是你學習認知之後才能感受得到。如果你的認知改變，你對身體和周遭世界的感受、體驗也會跟著改變，身體是由經驗轉換而成的一種物質表現，由於我們將經驗融入身體，我們身體裏的細胞便接受了這些經驗的記憶，所以有些接受器官移植的病人，在換腎、換肝或換心之後，並不知道捐贈器官的人是誰，可是卻記得他生前的一些事情。

老化只不過是一連串訊息轉換錯誤的結果，本來應該保持穩定、平衡，自我更新的生理反應。脫離了正常運作軌道，而在肉體上表現出變化來。事實上眞正脫離的是你的知覺，不管是心理或細胞上的知覺，只要你能「發現」這個失誤，就能將你的身體的生化反應重新回到正常的軌道。沒有任何生化反應是獨立於「知覺」之外的。

*6.*每一秒鐘，隨著你的智慧脈衝（impulses）（腦子運作的情形）的改變，你的身體也會產生不同的狀態。這些智慧脈衝總合起來就成爲「你」，假如這些智慧脈衝跳動的形式改變，「你」也就跟著改變了。只要新的認知不斷進入你的腦中，你的身體便能夠不斷有新的反應，青春永駐

並沒有什麼訣竅，我的一個八十歲的病人說得好：「人不會變老，唯有在停止成長以後，人才會老。」新知識、新技術、新人生觀使身心獲得成長，只要這種成長繼續不斷，保證每一秒鐘的你都是全新的。

在這世界上有一樣東西完全屬於你自己，那就是你對這世界的詮釋。詮釋完全來自於個人的自我溝通，類似一種內心的對話，內心的對話不是亂七八糟的躁音，而是發自你內心深處的信念和假設。

我們必須推翻害怕與舊信念，不再相信身體會隨時間而退化，反之，說服自己，你的身體每一刻都是全新的，不要認為身體是不懂感情的機器，反之，堅信身體與生命的根本智慧是合而為一的。

7.我們每個人看起來好像是各自分開，獨立的個體，但實際上卻與管轄整個宇宙的智慧脈衝息息相關，環環相扣。我們每個人的身體都是宇宙天體的一部分，我們的心智也是宇宙天體的延續。

你和你周圍的環境其實是合而為一的，以量子學的觀點來說，分辨「固體」和「空間」是沒有意義的，因為每一立方公分的空間都充滿了近乎無限大的能量，即使是最輕微的顫動，其實也是整個銀河系大規模顫動的一部分，嚴格的說，你周邊的環境其實就是你身體的延伸。能夠體驗出「合而為一」的境界，對避免老化有極大的助益，因為當你和身體的延伸之間有和諧的互動關係時，你會覺得快樂、健康、年輕。

量子學說原來並非立意討論精神層次的現象，然而愛因斯坦等科學家卻由於將此學說應用於解釋心靈方面的問題上，而備受尊崇。玻爾將物的波動比喻爲宇宙的脈動，薛定諤(E. Schrodinger)終生信守宇宙爲有生命的智慧之體(與牛頓的說法相呼應；地心引力及其他所有引力都是宇宙之神的思想)。事實上，探測人的心靈往往會牽涉到廣義的宇宙心靈層次。客觀而言，這套新理論可以讓人跨越隔開身、心、靈之間的藩籬。

我們視自己爲分離獨立的個體而產生的心靈紊亂，束縛了我們自己。眞正使我們變老的原因不是壓力本身，而是「感受」到壓力。凡是不將外在世界視爲一種威脅的人，便能和四周環境共存，不受緊張壓力的侵襲。若你要經驗一個不會衰老的世界，最重要的一件事就是培養「世界即是你」的觀念。

8.時間不是絕對的，萬物的內在本質是永恒的，而我們稱爲「時間」的東西是量化之後的永恒。時間被我們量化成一小段、一小點(秒、時、日、年)，我們所謂的線性時間(linear time)其實是我們覺察到變化的一種認知反應，如果我們能夠覺察到「不變」，那麼「時間」也就不再是現在這樣了，我們可以慢慢學著讓「不變」、「永恒」、「絕對」也能夠新陳代謝，如此一來，我們便能夠開始擬構出「不朽」的生理機能。

宇宙誕生之後就不斷在進化，當宇宙誕生時，時間和空間就已經存在了，在「大爆炸」發生的那一刻之前，時間和空間並不是我們現在所了解的樣子。

將時間比喻爲一枝向前飛射的箭，這種傳統的觀念已經完全被複雜的量子空間，幾何理論所粉碎，一條條多度空間的直線和環境將時間帶往各個方向，甚至還能讓它暫停，唯一存在的絕對物就只有無始無終的永恒了。

一旦你將注意力放在「過去」或是「未來」，你就等於在時間的領域裏經驗「老化」。當你專心地活在「現在」裏，你的生命會比較踏實，因爲過去和未來無法侵犯你目前的生活。

試著不再留戀過去，也不要想掌握未來，那麼你將會看到一個全新的寬廣空間出現在你眼前——也就是說，你的身心將經歷一個長生不老、青春永駐的嶄新境界。

你可以學習用意志力將知覺帶入不知道時間的世界裏，瑜伽冥想就是這種學習過程中最常用的一種技巧。冥想的人會經歷到內心的寧靜，充實及永恒等感覺。冥想者的生理狀態也會起變化，呼吸趨緩，氧氣消耗量減少，新陳代謝速率降低，甚至因壓力而產生的賀爾蒙失調（此乃加速老化的原因）也逆轉恢復正常。以上各種生理變化不但減緩老化的過程，有時甚至使老化過程逆轉。根據研究結果，顯示他們的生理年齡比實際年齡平均年輕五到十二歲。

在一項長達二十年的研究中，發現老化本身的生理過程無需特別操縱，單靠知覺便能避免生理的老化，換言之只要心理上相信時間沒有改變生理的力量，則類似心跳、賀爾蒙分泌等便能不因時間而改變其功能。

*9.*我們每一個人都生存在一個能夠超越所有變化的現實眞相當中，在我們的內心深處有一個生命的核心部分，不識任何感官知覺，不經任何變化，這個生命核心塑造了人格、本我及身體，也就是我們的本質所在。

目前，我們能維持的生理機能似乎都受制於時間，然而時間是知覺的產物，你其實可以擁有與現在完全不同—不朽不腐的生理機能，這可與無變化的身體體驗互相輝映。這需要調整自己的知覺，從「有時間限制」轉變到「無時間」的意識層次。

最重要的，你必需相信「受時間控制」的心理、生理反應過程是可以重新調整的，每一秒鐘你的身心系統要做上千個決定，好讓你的生理機能調節，以適應生命的需要，例如在我突然遇到眼鏡蛇的那一剎那，我所有的生理反應—呼吸、消化、新陳代謝、排泄、知覺及思考，都取決於我個人對眼鏡蛇所產生的「意義」爲何，而「意義」存在腦中，不受時間的因果關係所限制。

清晨起來，意識在尚未恢復到平常的舊有秩序之前，總有一刻心靈特別清明的時候，你就是你自己，不特別快樂，也不特別悲傷，不尊也不卑，不老也不年輕。這個永不改變的「我」，印度古聖哲稱爲「自我」，是我所有生活經驗眞正的參考點。

在我們的統合的知覺中，世界可以解釋爲精神的流動，而我們的目標便是與「精神自我」建立親密的關係，親密到能夠經驗、理解「永遠不老」的身心境界。

*10.*我們不是衰老、疾病、死亡的受害者，而是能夠洞察這些現象背後的眞相，且具有免疫能

力的先知。此種駕馭「變化」的能力，才是永恒不朽的生命精神所在。

生命的源頭是創造力，當你接觸到自己內在的智慧時，便能接觸到生命的創造泉源，舊的思想理論認爲：生命受DNA控制，而新的理論架構說，生命的控制權在於意識，因爲人的基本生理機能與心理狀態會相互感應。

由於我們無法維持意識的永久連續，於是總會出現或多或少的罅隙，我們的身體便漸漸失去控制，導致生病、衰老、死亡，這些現象只有在意識支離破碎時才會發生。例如心跳速率驟然失去規律而猝死的人，實際上是死於意識的喪失。

△改變意識即能改變身體。我們之所以會變成疾病、衰老、死亡的受害者，完全是因爲我們對自我的了解有缺失。喪失意識即是喪失智慧，喪失智慧即是喪失對人體的指揮權，因爲人體是智慧的最後產物，這套新理論最有價值的一點便是：若想改變你的身體，必先改變你的意識。

人類老化的歷史多半與絕望心理有關，我們害怕老了以後的醜態、疾病纏身衰弱無能，然而現代的人對老年已有新的體認，很多六、七十歲的人，都仍能保持四、五十歲的活力與健壯。

你的身體是一條支持你生命的河流，你必須坐下來靜聽，才能發覺藏在你身體中的大智慧。唯物論的錯誤觀念是：我們可以征服這條河流，如果我們眞的辦到了，唯一的結果只有死亡。

我們是在不斷地擴大的經驗中展開我們的生命，一個人生命中的能量、訊息和智慧是無限多的，這個無限量創造力的具體表現就是你的細胞，而沒有表現出來的那一部分便藏在你的心靈中，你的心靈中實際上充滿著可能的眞理。

四、長生之道——十項掌控要訣

根據訪問一千二百位百歲人瑞結果，他們的特質是：「他們辛勤工作，樂在其中，缺乏野心，偏好安靜，獨立的生活，喜歡自己的工作與宗教，與家人相處和樂，很少有懊悔的表情，求生意志十分強烈，欣賞單純的家居之樂，他們的心靈上都有自給自足的傾向。」

體重與長壽：維持穩定的體重，比體重是否過重過輕更爲重要，並不是苗條就是健康與美好。

運動與長壽：只要持之以恆，每天做少量的運動——相當於每天步行半小時，就足夠達到長壽的目的。

食物選擇與長壽：現代人過於謹愼的養生之道適得其反，造成精神上的壓力。一個人內心自由自在的感覺，以及滿足、快樂的心情，是活得健康長壽的主因。

健康飲食的基本原則有二：*1.*能夠獲得心裏的滿足；*2.*能夠提供均衡的營養素，最好選擇自然的食物。

歸納長壽百歲老人的長壽之道：少吃、多運動、散步、登山、按摩和深呼吸運動及爬樓梯，神閒氣定，隨遇而安，注重個人衛生，飲用健康飲料，充分休息，每天大便一次，適度的性生活，生病時有良好的醫療照護、偶爾禁食。

世界上最長命的動物是巨龜，屬冷血動物，至少能活一五〇年。哺乳類動物中，壽命和人類接近的是鯨魚，有的可活一〇〇歲以上。

藉由內在智慧的增加，以及快樂和滿足感的累積，你便能持續地健康地抵抗衰老的過程，不須依賴化學藥物，也不必忍受任何副作用，而改變自身的覺察，則有賴個人的努力，著者相信衰老是由於內分泌異常所引起，但是內分泌素的功用是攜帶訊息，而信息最後仍受制於覺察（awareness）。

只要持續保持腦部的活動，即使年紀大了，也能隨時長出新的樹狀神經突起，寂寞孤單的老人，比有親友圍繞的老人，更易思想混亂、健忘、空虛和痴呆。

老年人心智能力的退化是由疾病所造成，而不是老化的自然現象，因此你大可不必擔心年紀大了記憶力和智商會減退。巴爾第士認爲：智慧是一種文化上累積而成的「軟體」成就，可以戰勝生理上的極限。

智慧是一種判斷能力，當你回頭審視自己曾做過的判斷都是正確的，那就表示你是個聰明的人。

人到中年爲了獲得成功而與理想妥協，這種決定即是智慧。年輕人常是無可救藥的理想主義者，而老年人卻懂得利用智慧取其平衡點，進而完成可能實現的理想，這也許是生命中最成熟寶貴的資產。

約有上百萬的老年人，不知正確地服食抗高血壓藥，而經常和鎮靜劑、菸酒、安眠藥一起服用，而造成許多不必要的疾病或死亡。

△新老年觀—不要更老、要更好，據研究結論有以下的重要發現：

1. 人類的老化過程具有極大的個別差異，尤其八、九十歲時，差異更大。

2. 有的人肺活量甚大，有的人腎功能反而進步，他們的器官出了毛病，卻仍繼續使用，「不用就會失去」(use it or lose it)，是很重要的觀念。

3. 心智能力必須經常使用才能維持。

4. 愈複雜的器官愈容易衰退，例如肌肉。

5. 中年人稍為發福，並不會縮短壽命。

6. 規律的性生活有益健康。

7. 六十歲的男人在做輕度及中度運動測驗時，其效率與二十歲時一樣，不過老人須用更多的體能。

8. 人體內的高膽固醇並不會因年齡增加而升高。

每人的成長、老化情形隨年齡增加而愈與別人不同，甚至有可能變得更好。

我們的新理論顯示：人的身體不斷在量子的層次裏從事組合及破壞工作，也就是說，人體不斷在開發潛力，這些潛力有的是負面，有的是正面。量子場的立場是中立的，我們的想法與期望才是決定這些潛能走向的關鍵因素。如果我們想要增進每天的體能及智能，就必須時時謹記下列三個人生目標：

1. 長壽：因爲人的生命本身就是一件美好的事物。

2. 創造力：創造的經驗可以增加生命的樂趣，使我們更想延長生命。

3. 智慧：生命延續的結果便是智慧的累積。

許多藝術家和作家在六、七十歲時所產生的創新構想，通常會比二十歲時更多，愈晚開始從事創作的人，其創作生命愈可能維持至老年，創作經驗可以促使腦部的結構更加發達，據老人研究顯示：教育程度較低的人罹患痴呆症及阿氏症的比率較高，不斷使用腦的人，較不易變成痴呆。

一般人認爲用腦過度會損害腦部，其實只要是喜歡的工作，所有專心的心智活動，都會使腦部產生阿爾發射線波律，也就是一種代表「休憩式的警覺」的腦波，人在沉思冥想時，腦部也會出現這種放鬆卻警醒的狀態。

追求生命、創造力及智慧是一件好事，假如你的期望不高，便無法超越，如果你把標準提高，你生命中的每個十年都會變得值得期待。拜倫詩云：「一個人的希望應大於他的掌控，否則天堂便不值得嚮往。」積極主動的掌控，是指對自己生命和環境的支配，而不是控制別人。

△爲了開創更理想的長壽生活，請注意下列十項積極主動的掌控要訣：

1.聆聽你身體所發出的智慧，即注意你身體發出的訊號。

2.活在現在，因爲這是你唯一擁有的時刻。

3.找個時間靜下來默想，聽聽你內心的聲音，讓你的直覺來引導你。

4.摒棄總是想要得到別人認可的習慣，要做自己的主人。

5.當你對某人或某事感到不滿，其實是和你自己過不去，敵對的情形由於過去對傷痛的護衛，當你平抑情緒時，你的心性又回歸宇宙的潮流。

6.外在的世界反映出你內在的眞實自我，你要完全了解你自己。

7.卸下審判的包袱，你會覺得輕鬆得多，多愛一個人等於多愛你自己。

8.不要污染你自己，不管是用食物、飲料或垃圾情緒。

9.用愛的動機取代懼怕的動機，害怕源於過去的記憶，當你找到安全感時，威脅才會消除，這種安全感就是愛的感覺。

10.物質世界只是內在深層智慧的外在反映而已。你的身體裏不要存有污染的心靈。生命是一個創造的事業，它包含著許多不同層次的創造，因而擁有許多不同層次的支配力，充分地去愛人，不做任何審判，完全地接受自我—這是一個崇高的目標，最重要的一點就是要具備「統合」的觀念。我們所提倡的新思想模式，鼓勵我們將身、心、靈合而爲一，人的晚年應該致力於生命統合的工作，生命的循環才得以完成，生命的目標才得以實現。這樣積極主動的掌控生命，不僅能使你長壽，更能引導你到達完全自由的超脫境界。

五、瑜伽靜坐可以降低生理年齡

瑜伽術的最高境界就是集中思想與意識，使身心靈進入完全寧靜的境界。在這種境界中，意識單純而且集中，此種「單純意識」就是指量子空間，也就是孕育所有質能的地方。平常我們不易覺察它的存在，因爲我們的心神總是充滿著各種思想、願望、夢想和感覺。只有在靜坐冥想時才能達到安祥、寧靜的境界，使呼吸緩慢、心跳和血壓降低。瑜伽靜坐也是應付日常生活壓力的最佳方法，若能持之以恒，長期練習靜坐的人，將會減少腎上腺素和腎上腺皮質素，因而增強其生理機能而變得年輕。

由此可見，瑜伽術也是抗老與長生的重要法門，值得我們的重視和修鍊。

誦詩養生　惠而不費

最近八年來，我擔任樂群養生聯誼會會長，接觸養生資訊極多，包括我國古代以來的養生要籍，及當代的中外養生書刊，再加以三、四百位中老年會友的提示與指教，使我應接不暇，獲益良多。

但是，養生最重要的是知與行，養生資訊是知的充實，養生的行動則有賴於自我鞭策，否則，知而不行，等於未知。清代名醫程杏軒認爲養生有五難：「名利不去爲一難，喜怒不除爲二難，聲色不斷爲三難，滋味不絕爲四難，神虛精散爲五難。」一般人都是好名貪利，喜怒無常，加以貪吃好色，以致神虛精散，這是養生的大忌，不可不愼。

養生之道多端，究竟從何處入手？不可不講究。元代著名養生家王珪曾經扼要地指出：「蓋老年養生之道不貴求奇，先當以前賢破幻之詩，洗滌胸中憂結，而名利不苟求，喜怒不妄發，聲色不因循，滋味不耽嗜，神慮不邪思，無益之書莫讀，不急之務莫勞。」由此可知，中老年人養生首先必須從觀念方面確立養生的哲理或原理原則。關於這方面我國古人有許多養生哲理都隱藏在詩詞之中，值得我們去發掘和吟誦。然而我國歷代詩人衆多，所作詩詞浩如煙海，苦於無從下手。關於此點，筆者窮半年之力，業已編選一本《養生詩歌選》，計選錄養生詩詞三百六十五首，備供每日誦讀之用，每首詩詞附以作者簡介及註釋。

關於誦詩可以益人神智，陶冶性情，甚至治病的具體事證，我們可從下文窺見一斑：

「讀離騷之賦，而生悽楚之感，吟歸去來辭，而慕閒逸之情。詩詞妙文，實足益人神智，陶樂情志。吾有一友，每日除正式工作外，朝讀文而暮誦詩，如僧人之旦夕諷經一般。常聞其室中書聲朗朗，自云：四十餘年以來，從未間斷，習爲自然，此乃人生之至樂。夫杜甫之詩，能驅瘧疾（依據詩話所載），陳琳之檄，可愈頭風（魏志王粲傳注）。誦詩可使六腑安寧，穢氣消亡，可以啓智悟道，招吉納祥。」（參見周紹賢著《道家與神仙》頁二〇九）

近代以來，由於心理學的研究發展，我們知道音樂具有療疾的作用，書畫能使人延年益壽，已有事實的證明。詩歌是藝術的一種，同樣具有一定程度的療效。從心理健康到疾病防治，詩歌能幫助壓力沉重的人放鬆，受疾病蹂躪的人康復，也讓心理障礙的人吐露心聲。當反復吟誦詩歌時，可使大腦皮層的興奮和抑制過程達到平衡，血液循環順暢，體內生化代謝更加旺盛，能增加一些有益的荷爾蒙以及活性物質的分泌。這些物質能把血液中神經細胞的興奮調節到最佳的平衡狀態，使生命在平衡的狀態下欣欣向榮。另一方面，心靈平靜則內分泌平衡，內分泌平衡則免疫功能加強，免疫功能加強，則可延長壽命，抵抗癌症的發生。以上各點都有學理和事實的依據。

要之，詩是美藝的一種，養生詩則是對修身養性有特殊裨益的一環，通過養生詩的鑑賞，藉以陶情怡性，養生修道，以及療疾健身，惠而不費，我們何樂而不爲呢？

茲爲印證上述學理，試舉養生詩詞數首，並略予解釋，以供參考。

養生首須參透生死，晉代詩人陶淵明有〈輓歌辭〉三首，其一云：

有生必有死，早終非命促。
昨暮同為人，今旦在鬼錄。
魂氣散何之，枯形寄空木。
嬌兒索父啼，良友撫我哭。
得失不復知，是非安能覺？
千秋萬歲後，誰知榮與辱？
但恨在世時，飲酒不得足。

陶淵明活了六十三歲，此詩作於逝世之年。輓歌即葬歌，此爲淵明自作自輓。他認爲生死乃是自然的規律，有生必有死，所以老不足悲，死亦不足懼，對於生死，應該以達觀處之。

唐代杜甫有一首〈曲江〉詩，勸人要及時行樂：

朝回日日典春衣，每向江頭盡醉歸。
酒債尋常行處有，人生七十古來稀。
穿花蛺蝶深深見，點水蜻蜓款款飛。

傳語風光共流轉，暫時相賞莫相違。

杜甫只活了五十九歲，唐代的平均年齡僅三、四十歲，他並不算短命，所以他認爲「人生七十古來稀」。今日看起來，應改爲「人生七十才開始」，因爲高齡國家的平均年齡已經達到八十歲。

「富貴不淫，貧賤不移」，也是養生的應有態度。宋代程明道的〈秋日偶成〉云：

閒來無事不從容，睡覺東窗日已紅。
萬物靜觀皆自得，四時佳興與人同。
道通天地有形外，思入風雲變態中。
富貴不淫貧賤樂，男兒到此是豪雄。

養生必須看破名利，詠名利的詩甚多，茲錄宋代邵康節的〈閑適吟〉一首如下：

為士幸而居盛世，住家況復在中都。
虛名浮利非我有，綠水青山何處無？
選勝直宜尋美景，命儔須是擇吾徒。
樂閑本屬閑人事，又與偷閑事更殊。

讀書可以增進知識，陶冶性情，有如源頭活水，使胸懷開朗。宋代朱熹之〈觀書有感〉云：

半畝方塘一鑑開，天光雲影共徘徊。

問渠那得清如許，為有源頭活水來。

士人以天下爲己任，移風易俗，胸懷大志，亦可於詩中見之。民國梁啓超之〈自厲〉云：

獻身甘作萬矢的，著論求為百世師。
誓起民權移舊俗，更研哲理牖新知。
十年以後當思我，舉國猶狂欲語誰？
世界無窮願無盡，海天寥廓立多時。

不久前，畫家江兆申旅遊中國大陸，在瀋陽演講時，因過於勞累，加以當地氣候酷寒（攝氏零下三十度），體力不支，突發心臟病逝世，享年僅七十二，令人感嘆不已。一般銀髮族，年邁體衰，須有自知之明。莫如神遊故國，以逸代勞。宋代蘇東坡〈赤壁懷古〉一詞，內有「故國神遊」之句，可供效法。詞云：

大江東去，浪淘盡，千古風流人物，故壘西邊人道是，三國周郎赤壁。亂石崩雲，驚濤裂岸，捲起千堆雪。江山如畫，一時多少豪傑！

遙想公瑾當年，小喬初嫁了，雄姿英發。羽扇綸巾，談笑間，檣櫓灰飛煙滅。故國神遊，多情應笑我，早生華髮，人生如夢，一樽還酹江月。

至於一般養生詩爲數極多，茲錄明代御醫龔廷賢所作〈攝養詩〉一首，以窺一斑：

惜氣存精更養神，少思寡慾勿勞心。

食惟半飽無兼味，酒至三分莫過頻。
每把戲言多取笑，常含樂意莫生嗔。
炎熱變詐都休問，任我逍遙過百春。

宋代朱敦儒有首〈念奴嬌〉詞，大意謂老來可喜，看透世情，不被花迷，不爲酒困，既不修仙，也不佞佛。全詞如下：

老來可喜，是遍歷人間，諳知物外，看透虛空，將恨海愁山，一時挼碎，免被花迷，不為酒困，到處惺惺地，飽來覓睡，睡起逢場作戲。
休說古往今來，乃翁心底，沒許多般事，也不修仙，不佞佛，不學棲棲孔子，懶共賢爭，從教他笑，如此只如此，雜劇打了，戲衫脫與獃底。

《浮生六記》爲清代著名筆記小說，林語堂曾譯爲英文，使西方讀者讚美不止。其第六篇「養生記道」中著者曾云：「放翁胸次廣大，蓋與淵明、樂天、堯夫、子瞻等，同其曠逸。其於養生之道，千言萬語，眞可謂有道之士，此後當索玩陸詩，正可療余之病。」並錄〈養生歌〉一首，不知爲誰氏所作，讀之若如大夢之得醒，實爲熱火世界中一帖清涼散。歌詞如下：

世事茫茫，光陰有限，算來何必奔忙？人生碌碌，競短論長，卻不道榮枯有數，得失難量。看那秋風金谷，夜月烏江，阿房宮冷，銅雀臺荒。榮華花上露，富貴草頭霜。機關參透，萬慮皆忘。誇甚麼龍樓鳳閣，說甚麼利鎖名韁；閒來靜處，且將詩酒猖狂。唱一曲歸來未晚，歌一調湖海茫茫。逢時遇景，拾翠尋芳；約幾個知心密友，到野外溪傍；或琴棋適性，或曲水流觴；或說些善因果報，或論些今古興亡。看花枝堆錦繡，聽鳥語弄笙簧，一任他人情反覆，世態炎涼；優遊閒歲月，瀟灑度時光。

從以上所列舉十首養生詩詞中，我們可知養生詩的性質和內容。養生詩是前人的養生心得，而以韻語表述，使人讀後可了悟養生要訣。但是養生詩的鑑賞具有一定的程序與方法，與讀散文的方法不同。讀散文只要了解其內容即可，誦詩則除了解內容外，還須吟誦，以便深入了解作者的內心感受。所以詩詞的鑑賞最好能夠背誦，不必貪多，每日一首，積少成多，到一年終了，如果能夠背誦三百六十五首，則我們的心中隨時浸潤在詩情之中，不知不覺受到詩的陶冶，不但心情愉快，而且人生觀也會改變，趨於樂觀進取，增進智慧，平衡情緒，這是養生詩歌鑑賞的最大收穫。至於前文所述的誦詩可以減少壓力，使心靈平靜，內分泌平衡，甚至延年益壽，那就獲益更多了。

至於詩歌朗讀的具體方法，讀者如果要進一步研習，可購聽邱燮友教授編採的《唐詩朗誦》（錄音帶，東大圖書公司印行）。他曾說明詩歌朗誦的理由如下：「詩以情意爲主，詩人借一己之情緒，與外界景象結合，造成情景交融的景象。詩歌的朗誦，由空間的紀錄，到時空的會合，使讀者透過音韻節奏的美，更能體會詩人所表達的情意，而收到共鳴的效果。」

朋友們，誦詩養生，惠而不費，我們何樂而不爲呢！

養生詠老詩鈔

秋風辭

漢武帝

秋風起兮白雲飛，草木黃落兮雁南歸。蘭有秀兮菊有芳，懷佳人兮不能忘，汎樓船兮濟汾河，橫中流兮揚素波，簫鼓鳴兮發棹歌，歡樂極兮哀情多，少壯幾時兮奈老何。

古詩十九首（選三）

迴車駕言邁，悠悠涉長道，四顧何茫茫，東風搖百草。所遇無故物，焉得不速老？盛衰各有時，立身苦不早，人生非金石，豈能長壽考？奄忽隨物化，榮名以爲寶。

驅車上東門，遙望郭北墓，白楊何蕭蕭，松柏夾廣路。下有陳死人，杳杳即長暮，潛寐黃泉下，千載永不寤。浩浩陰陽移，年命如朝露。人生忽如寄，壽無金石固，萬歲更相送，聖賢莫能度，服食求神仙，多爲藥所誤；不如飲美酒，被服紈與素。

去者日以疏，來者日以親，出郭門直視，但見丘與墳。古墓犁爲田，松柏摧爲薪，白楊多悲風，蕭蕭愁煞人，思還故里閭，欲歸道無因。

短歌行

曹操

對酒當歌，人生幾何？譬如朝露，去日苦多。慨當以慷，幽思難忘。何以解憂？唯有杜康。青青子衿，悠悠我心。但爲君故，沈吟至今。呦呦鹿鳴，食野之苹。我有嘉賓，鼓瑟吹笙。明明如月，何時可掇？憂從中來，不可斷絕。越陌度阡，枉用相存。契闊談讌，心食舊恩。月明星稀，烏雀南飛，繞樹三匝，何枝可依？山不厭高，海不厭深，周公吐哺，天下歸心。

龜雖壽

曹操

神龜雖壽，猶有竟時。騰蛇乘霧，終爲土灰。老驥伏櫪，志在千里；烈士暮年，壯心不已。盈縮之期，不但在天，養怡之福，可得永年。幸甚至哉，歌以詠志。

箜篌引

曹植

置酒高殿上，親友從我遊，中廚辦豐膳，烹羊宰肥牛。秦箏何慷慨，齊瑟和且柔。陽阿奏奇舞，京洛出名謳。樂飲過三爵，緩帶傾庶羞。主稱千金壽，賓奉萬年酬。久要不可忘，薄終義所尤。謙謙君子德，磬折欲何求？驚風飄白日，光景馳西流。盛時不可再，百年忽我遒。生存華屋處，零落歸山丘，先民誰不死？知命復何憂？

短歌行

陸機

置酒高堂，悲歌臨觴。人壽幾何？逝如朝霜，時無重至，華不再揚。蘋以春暉，蘭以秋芳。來日苦短，去日苦長。今我不樂，蟋蟀在房。樂以會興，悲以別章。豈曰無感，憂爲子忘。我酒既旨，我肴既臧。短歌有詠，長夜無荒。

歸園田居之一

陶淵明

少無適俗韻，性本愛丘山。誤落塵網中，一去三十年。羈鳥戀舊林，池魚思故淵。開荒南野際，守拙歸園田。方宅十餘畝，草屋八九間。榆柳蔭後簷，桃李羅堂前。曖曖遠人村，依依墟里煙；狗吠深巷中，雞鳴桑樹顚，戶庭無塵雜，虛室有餘閒，久在樊籠裏，復得返自然。

飲酒之五

陶淵明

結廬在人境，而無車馬喧。問君何能爾？心遠地自偏。採菊東籬下，悠然見南山。山氣日夕佳，飛鳥相與還。此中有眞意，欲辨已忘言。

讀山海經

陶淵明

孟夏草木長，繞屋樹扶疏。衆鳥欣有託，吾亦愛吾廬，既耕亦已種，時還讀我書。窮巷隔深轍，頗迴故人車。歡言酌春酒，摘我園中蔬。微雨從東來，好風與之俱。汎覽周王傳，流觀山海圖。俯仰終宇宙，不樂復何如。

神釋

陶淵明

大鈞無私力，萬理自森著；人爲三才中，豈不以我故？與君雖異物，生而相依附，結托既喜同，安得不相語！三皇大聖人，今復在何處？彭祖愛永年，欲留不得住。老少同一死，賢愚無復數。日醉或能忘，將非促齡具！立善常所欣，誰當爲汝譽？甚念傷吾生，正宜委運去；縱浪大化中，不喜亦不懼，應盡便須盡，無復獨多慮。

擬挽歌辭三首（其一）

陶淵明

有生必有死，早終非命促。昨暮同爲人，今旦在鬼錄。魂氣散何之，枯形寄空木，嬌兒索父啼，良友撫我哭。得失不復知，是非安能覺？千秋萬歲後，誰知榮與辱？但恨在世時，飲酒不得足。

秋浦歌十七首（其十五）　李白

白髮三千丈，緣愁似個長。不知明鏡裏，何處得秋霜。

將進酒　李白

君不見黃河之水天上來，奔流到海不復回。君不見高堂明鏡悲白髮，朝如青絲暮成雪。人生得意須盡歡，莫使金樽空對月。天生我才必有用，千金散盡還復來。烹羊宰牛且爲樂，會須一飲三百杯。岑夫子，丹丘生將進酒，君莫停，與君歌一曲，請君爲我傾耳聽。鐘鼓饌玉不足貴，但願長醉不用醒。古來聖賢皆寂寞，惟有飲者留其名，陳王昔時宴平樂，斗酒十千恣歡謔。主人何爲言少錢，徑須沽取對君酌。五花馬、千金裘，呼兒將出換美酒，與爾同銷萬古愁。

宣州謝脁樓餞別校書叔雲　李白

棄我去者，昨日之日不可留；亂我心者，今日之日多煩憂。長風萬里送秋雁，對此可以酣高樓。蓬萊文章建安骨，中間小謝又清發。俱懷逸興壯思飛，欲上青天攬明月，抽刀斷水水更流，舉杯消愁愁更愁。人生在世不稱意，明朝散髮弄扁舟。

春日醉起言志　李白

處世若大夢，胡爲勞其生？所以終日醉，頹然臥前楹，覺來盼庭前，一鳥花間鳴，借問此何時？春風語流鶯。感之欲嘆息，對酒還自傾，浩歌待明月，曲盡已忘情。

春望　杜甫

國破山河在，城春草木深，感時花濺淚，恨別鳥驚心，烽火連三月，家書抵萬金，白頭搔更短，渾欲不勝簪。

旅夜書懷　杜甫

細草微風岸，危檣獨夜舟。星垂平野闊，月湧大江流。名豈文章著，官應老病休，飄飄何所似，天地一沙鷗。

九日藍田崔氏莊　杜甫

老去悲秋強自寬，興來今日盡君歡。羞將短髮還吹帽，笑倩旁人爲正冠。藍水遠從千澗落，玉山高並兩峰寒。明早此會知誰健，醉把茱萸仔細看。

登高　　杜甫

風急天高猿嘯哀，渚清沙白鳥飛迴。無邊落木蕭蕭下，不盡長江滾滾來。萬里悲秋常作客，百年多病獨登臺。艱難苦恨繁霜鬢，潦倒新亭濁酒杯。

贈衛八處士　　杜甫

人生不相見，動如參與商。今夕復何夕，共此燈燭光。少壯能幾時，鬢髮各已蒼。訪舊半爲鬼，驚呼熱中腸。焉知二十載，重上君子堂，昔別君未婚，兒女忽成行，怡然敬父執，問我來何方，問答未及已，驅兒羅酒漿。夜雨剪春韭，新炊間黃粱。主稱會面難，一舉累十觴。十觴亦不醉，感子故意長。明日隔山岳，世事兩茫茫。

絕句漫興九首（其四）　　杜甫

二月已破三月來，漸老逢春能幾回？莫思身外無窮事，且盡生前有限杯。

閑居自述　　顧況

榮辱不關身，誰爲疏與親。有山堪結屋，無地可容塵。白髮偏添壽，黃花不笑貧。一樽朝暮醉，陶令果何人。

照鏡見白髮　　張九齡

宿昔青雲志，蹉跎白髮年。誰知明鏡裏，形影自相憐。

終南別業　　王維

中歲頗好道，晚家南山陲。興來每獨往，勝事空自知。行到水窮處，坐看雲起時。偶然值林叟，談笑無還期。

酬張少府　　王維

晚年唯好靜，萬事不關心，自顧無長策，空知返舊林。松風吹解帶，山月照彈琴。君問窮通理，漁歌入浦深。

歸山　　張繼

心事數莖白髮，生涯一片青山。空林有雪相待，古道無人獨還。

覺衰

柳宗元

久知老會至，不謂便已侵。今年宜未衰，稍已來相尋。齒疏髮就種，奔走力不任，咄此可奈何，未必傷我心。

酬樂天詠老見示

劉禹錫

人誰不顧老，老去有誰憐？身瘦帶頻減，髮稀冠自偏。廢書緣惜眼，多灸爲隨年。經事還諳事，閱人如閱川。細思皆幸矣，下此便備然。莫道桑榆晚，爲霞尚滿天。

六十六

白居易

病知心力減，老覺光陰速。五十八歸來，今年六十六，鬢絲千萬白，池草八九綠。童稚盡成人，園林半喬木。看山倚高石，引水穿深竹。雖有潺湲聲，至今聽未足。

閒居

白居易

蝸牛角上爭名利，石火光中寄此身；隨富隨貧且隨喜，不開口笑是痴人。

白髮　白居易

白髮生來三十年，而今鬚鬢盡皤然。歌吟終日如狂叟，衰疾多時似瘦仙。八戒夜持香火印，三元朝念蕊珠篇。其餘便被春收拾，不作閑游即醉眠。

逸老　白居易

白日下駸駸，青天高浩浩。人生在其中，適時即爲好。勞我以少壯，息我以衰老，順之多吉壽，違之或凶夭。我初五十八，息老雖非早，一閑十三年，所得亦不少，況加祿仕後，衣食常溫飽，又從風疾來，女嫁男婚了。胸中一無事，浩氣凝襟抱。飄若雲信風，樂于魚在藻，桑榆坐已暮，鐘漏行將曉，皤然七十翁，亦足稱壽考，筋骸本非實，一束芭蕉草，眷屬偶相依，一名同栖鳥。去何有顧戀，住亦無憂惱，生死尚復然，其餘安足道，是故臨老心，冥然合玄造。

任老　白居易

不愁陌上春光盡，亦任庭前日影斜。面黑眼昏頭雪白，老應無可更增加。

老來生計

白居易

老來生計君看取，白日游行夜醉吟。陶令有田唯種黍，鄧家無子不留金。人間榮耀因緣淺，林下幽閑氣味深。煩慮漸消虛白長，一年心勝一年心。

老夫

白居易

七八年來游洛都，三分游伴二分無。風前月下花園裏，處處唯殘箇老夫。世事勞心非富貴，人間實事是歡娛。誰能逐我來閑坐，時共酣歌傾一壺。

對酒閑吟贈同老者

白居易

人生七十稀，我年幸遇之。遠行將近路，春夢欲覺得。家事口不問，世名心不思。老既不足嘆，病亦不能治。扶持仰婢僕，將養信妻兒，飢飽進退食，寒暄加減衣。聲妓放鄭衛；裘馬脫輕肥。百事盡除去，尚餘酒與詩。興來吟一篇，吟罷酒一卮。不獨適情性，兼用扶衰羸。雲液酒六腑，陽和生四肢。于中我自樂，此外吾不知，寄問同老者，舍此將安歸？莫學蓬心叟，胸中殘是非。

詠老贈夢得

白居易

與君俱老也，自問老何如？眼澀夜先臥，頭慵朝未梳。有時扶杖出，盡日閉門居。懶照新磨鏡，休看小字書。情于故人重，跡共少年疏。唯是閑談興，相逢尚有餘。

戲答諸少年

白居易

顧我長年頭似雪，饒君壯歲氣如雲。朱顏今日雖欺我，白髮他時不放君。

晚晴

李商隱

深居俯夾城，春去夏猶清。天意憐幽草，人間重晚晴。併添高閣迴，微注小窗明。越鳥巢乾後，歸飛體更輕。

樂遊原

李商隱

向晚意不適，驅車登古原。夕陽無限好，只是近黃昏。

歸山　張繼

心事數莖白髮，生涯一片青山。空林有雪相待，古道無人獨還。

陪崔大尚書及諸閣老宴杏園　劉禹錫

更將何面上春台，百事無成老又催，唯有落花無俗態，不嫌憔悴滿頭來。

自敘　杜荀鶴

酒瓮琴書伴病身，熟諳時事樂于貧。寧爲宇宙閑吟客。怕作乾坤竊祿人，詩旨未能忘救物，世情奈値不容眞。平生肺腑無言處，白髮吾唐一逸人。

代白髮答　王安石

從衰得白自天機，未怪長春與願違。看取青條隨日長，會須秋葉向人稀。

歲晚　王安石

日映林塘淡，風含笑語涼。俯視憐綠靜，小立佇幽香。攜幼尋新葯，扶衰坐野航。延緣久未已，歲晚惜流光。

七絕

蘇東坡

出處依稀似樂天，敢將衰老較前賢。便從洛社休官去，猶有閑居二十年。

縱筆（其一）　蘇東坡

白頭蕭散滿霜風，小閣藤床寄病容。報道先生春睡美，道人輕打五更鐘。

縱筆（其二）　蘇東坡

寂寂東坡一病翁，白鬚蕭散滿霜風。小兒誤喜朱顏在，一笑那知是酒紅！

和陶詩擬古九首（其三）　蘇東坡

蕭蕭髮垂素，晡日迫西隅。道人閔我老，元氣時卷舒。歲晚風雨交，何不完子廬。萬法滅無餘，方寸可久居。將掃道上塵，先拔庭中蕪。一淨百亦淨，物我皆如如。

老人行

蘇東坡

有一老翁老無齒，處處無人問年紀。白髮如絲向下垂，一雙眸子碧如水。不裹頭，又無履；相識雖多少知己。問翁畢竟何所止？笑言只在紅塵裏。秋風獵獵行雲飛，老人此意無人會，目注雲歸心自知。黃口小兒莫相笑，老人舊日曾年少。浪跡常如不繫舟，地角天涯知自跳。亦曾樂半夜，傳籌醉朱閣。美人如花弄弦索，只恨尊前明月落，亦曾憂羈旅，他鄉迫暮秋。故國日邊無信息，斷鴻空逐水長流，或安貧，或安富，或爵通侯、封萬戶。一任秋霜換鬢毛，本來面目長如故。水有蘋兮山有芝，人意雖存事已非。有時卻憶經游處，都似茫茫春夢歸。爾來尤解安貧賤，不為公卿強陪面。皎如明月在秋潭，動著依前還不見。還不見，可奈何，空使遠人增眷戀。但只從他隨物轉，青樓黃閣長相見。若相見，莫殷勤，卻是翁家舊主人。

讀書

呂本中

老去有餘業，讀書空作勞。時聞夜蟲響，每伴午雞號。久靜能忘病，因行當出遨。胡為良自苦，膏火自煎熬。

看鏡二首

陸游

凋盡朱顏白盡頭，神仙富貴兩悠悠。胡塵遮斷陽關路，空聽琵琶奏石州。
七十衰翁臥故山，鏡中無復舊朱顏。一聯輕甲流塵積，不爲君王戍玉關。

貧病

陸游

行年七十尚攜鋤，貧悴還如白紵初。好事鄰僧勤送米，過門溪友強留魚。客來旋過牆頭酒，睡起閑抽架上書。要信榮枯原不動，胸中浩浩著空虛。

書憤（其一）

陸游

早歲那知世事艱，中原北望氣如山。樓船夜雪瓜洲渡，鐵馬秋風大散關。塞上長城空自許，鏡中衰鬢已先斑。出師一表眞名世，千載誰堪伯仲間？

書憤（其二）

陸游

白髮蕭蕭臥澤中，只憑天地鑒孤忠。厄窮蘇武餐飲久，憂憤張巡嚼齒空，細雨春蕪上林苑。頹垣夜月洛陽宮，壯心未與年俱老，死去猶能作鬼雄。

讀書（其一）

遠遁江湖上，端居風雨中。紙新窗正白，爐暖火通紅。簽帙方重整，聲形且細窮。扶衰倘未死，更破十年功。

讀書（其二）

歸老寧無五畝園？讀書本意在元元。燈前目力雖非昔，猶課蠅頭二萬言。（原注：時方讀小本通鑒。）

覽鏡　　陸　游

白頭漸覺黑絲多，造物將如此老何？三萬里天供醉眼，二千年事入悲歌，劍關曾蹴連雲棧，海道新窺浴日波。未頌中興吾未死，插江崖石竟須磨。

衰疾　　陸　游

衰疾支離負聖時，猶能采菊傍東籬。捉襟見肘貧無敵，聳膊成山瘦可知。百歲光陰半歸酒，一生事業略存詩。不妨舉世無同志，會有方來可與期。

示兒　陸游

死去原知萬事空，但悲不見九州同。王師北定中原日，家祭毋忘告乃翁。

病後覺衰　楊萬里

病著初無惱，安來始覺衰。人誰長健底，老有頓來時。山意淒寒日，秋光染瘦詩。小松能許劣，學我弄吟髭。

平甫見招不欲往　姜夔

老去無心聽管弦，病來杯酒不相便。人生難得秋前雨，乞我虛堂自在眠。

七十自述　趙翼

少年意氣慕千秋，擬作人間第一流。豈意壯懷三不朽，終成老物四宜休。隙駒虛擲分陰過，皮豹徒憑一卷留。若果輪迴有來世，誓從髫齔便勤修。（附註：四宜休：黃庭堅文載：太醫孫昉，自號四休居士，即：「粗茶淡飯飽即休，補被遮寒暖即休，三平三滿過即休，不貪不妒老即休。」

偶書

趙翼

香山與放翁，晚歲淡容與。語語不畏死，正是畏死語。死者誰不畏，豈眞去得所！吾惟任自然，不迎亦不拒，食不恣老饕，眠不厭獨處，雖非卻老方，或是養生主。住則樂爽鳩，行即舍逆旅。

晚霞頌

劉海粟

不薄中青厚老年，前因參透識愚賢，晚霞璀璨飛花雨，白髮猶需猛著鞭。

白髮吟（黃山詩鈔之一）

前人

年方九三何嘗老，劫歷百千亦自豪。駕雲絕巔今十上，黃山白髮看爭高。

頌老

廖沫沙

八十不稱老，九十年尚小。人生滿百歲，正是風光好。

偶成

陳後山

書當快意讀易盡，客有可人期不來。世事相違每如此，好懷百歲幾回開。

養生必須除三害
──不吸菸、不酗酒、不嚼檳榔

菸是無形殺手

一般人在日常生活中，吸菸似乎是一件小事，不足掛齒。每當閒暇無事或心煩意亂時，點燃一支香菸，吞雲吐霧，頓覺神清氣爽，尤其「飯後一支菸，快活似神仙」。在社交場合，接待親朋好友，每人奉敬一支香菸，更是不可缺少的項目。

然而吸菸妨害健康，近年來已逐漸受到重視，但其嚴重性如何，卻很少有人去深入了解。最近十年，台灣吸菸人口大增，由於自一九八七年一月一日起正式開放洋菸進口，根據雙方簽訂之「中美菸酒協議書」，洋菸可以在雜誌上作廣告。洋菸廣告往往強調俊男美女，男性吸菸具有「英雄氣概，粗獷豪放」的特質，女性吸菸具有「嫵媚動人，風情萬種」的特質，這些特質正是一般青少年所嚮往的。因此台灣近年來吸菸人口激增。

依據董氏基金會於一九九六年對台北市國中生之吸菸行為調查研究中發現，國中生之吸菸率爲二八・六%，其中男生的吸菸率爲三七・六%，女生之吸菸率爲一八・五%。至於高中高職學生及成年人口的吸菸比率，根據董氏基金會於一九九七年調查，成人吸菸比率在受訪者四、四五三人（其中男性二、三五四人，女性二、〇九九人）中，有吸菸習慣的佔二七%（其中男性四三%，女性九・一%）。菸齡以超過十年者最多，男性之吸菸量以每天十六至二十支者爲最多，女性則以每天一至五支者爲最多。高中高職方面，在受訪者三、〇二五人中，吸菸者五七八人，佔一九・一%。

香菸中所含有毒物質主要爲尼古丁、一氧化碳、和致癌原，它們對人體造成莫大的傷害。根據研究報告，人們每吸一支香菸會減少六分鐘的壽命。吸菸者得癌症的機會是不吸菸者的十倍。如果每天吸菸超過二十支，則得癌症的機會高達十七倍。一天吸二十五支以上，是二十五倍。全世界的人如果都把香菸戒掉，則全世界死於癌症的人數可以減少三分之一。不但吸菸者本人容易罹患癌症，而且在旁邊吸「二手菸」的人，也容易罹患肺癌。

爲防制菸害，我政府經於民國八十六年三月十九日公布「菸害防制法」，經於同年九月十九日起全面施行，依規定凡在公共場所吸菸經勸阻而拒不合作者，處新台幣一千元以上三千元以下罰鍰。所謂公共場所包括圖書室、禮堂、會議廳、飛機、客運汽車、計程車、電梯間、鐵路列車、醫療機構、金融機構、郵局及電信局之營業場所等。又下列場所除吸菸區（室）外不得吸菸：學校、社教館、圖書館、美術館、電影院、觀光旅館、百貨公司、超級市場、餐廳、車站、政府機關及公營事業機構等。

吾人講究養生保健，首先必須摒除一切不良的生活習慣。吸菸既是健康的隱形殺手，奉勸凡有吸菸惡習者希立即戒除，並勸誡家人切勿蹈此覆轍，以求永保健康。筆者近年來倡導養生保健，對於菸害問題曾作專題研究，並訪問以防制菸害為專責的董氏基金會，撰成《隱形的劊子手》一長文，以供參閱。

二、酒是穿腸毒藥

酒的製造，起源甚古。我們的祖先早在三千多年前即已發明製酒方法。《戰國策》云：「昔者帝女令儀狄作酒而美，進之禹，禹飲而甘之。」後人以「儀狄」為美酒之別名。另有一說謂杜康造酒，杜康是黃帝時之宰人，或說即少康，後世以杜康善造酒，故亦以為酒名。曹操詩云：「何以解憂，惟有杜康。」古人以飲酒為聯歡、養老及養病之具。《禮記》云：「酒食者所以合歡也。」「酒者，所以養老也，所以養病也。」《漢書食貨志》亦云：「酒，百藥之長，嘉會之好。」可見酒之功用最早為治病之藥，後來才作為聯歡時飲用。

俗語有云：酒、色、財、氣，謂酒、女色、錢財與氣短也。後漢書：「楊秉嘗言曰：我有三不惑，酒、色、財也，財者陷身之阱，色者戕身之斧，酒者毒腸之藥，人能於斯三者致戒焉，災禍其或寡矣。」按明代人更益以氣，成為酒色財氣，習為常言。

自古至今，無論中外，酒是一種迷人的飲料。通常與三五好友或一群知己，在杯盤交錯中，飲酒聯歡，可謂人生一大樂事，在養生方面，適量的飲酒可以增加脈搏及血液循環，降低血壓，預防冠狀動脈心臟病。但是一般人飲酒容易過量，各人酒量深淺不一，飲酒過量不但造成社會治安的危機（例如酒醉駕車，易肇車禍），而且易致肝病、腎臟病及胃腸病。飲酒過量者若再抽菸過量，則染患癌症的機會必大爲增加。要而言之，飲酒過量，直接間接對於心血管疾病、中風、糖尿病、高血壓、肝硬化、高脂血症及癌症均有不利的影響，也會使口腔、消化道有急性或慢性的損傷。

所謂酗酒，就是酒狂。耽酒曰酗。不酗酒，就是不要飲酒過度。

根據研究報告指出，適量喝酒能使血中良性膽固醇增加，減少心臟病突發的風險。腫瘤學家查爾斯·福克斯與同事花了十二年時間研究喝酒習慣與健康之間的關係，發現每星期喝一到三杯酒的婦女健康得益最大，她們的死亡率比不喝酒的人低百分之十七。每夜喝一杯酒的婦女死亡率，比不喝酒的婦女相比，她們死於乳癌、肝病等非心臟疾病的機率高出百分之十九。其他以男人爲對象的類似研究，結果相同。（參見中文讀者文摘一九九八年三月號醫學珍聞。）

由上所述，可知喝酒有利有弊，關鍵在於是否過量，飲酒過量就是酗酒，酗酒有害健康，並易肇禍。此外，要注意不要空腹喝酒，不要在餐桌上喝烈酒，不要用酒當作應酬的工具，不要用酒來麻醉自己，不要借酒澆愁，不要拼酒，不要牛飲。每日飲酒不可超過一杯，才是養生之道。

三、檳榔是口腔癌的主因

在亞熱帶的台灣，一般人喜歡嚼食檳榔，以資提神消遣，業已形成一種風氣和嗜好，其盛行狀況及危害程度僅次於吸菸和酗酒。

考台灣人民嚼食檳榔大約始於十六世紀，當時荷蘭人佔領台灣後，從馬來西亞半島引進檳榔至台灣，目的是爲了製作藥材，後來搖身一變成爲被許多人喜歡嚼食的「台灣口香糖」。

檳榔樹是亞熱帶的植物，原產東印度，屬棕櫚科，常綠木本，高三丈許，需五、六年的栽培，才有檳榔果的收成，在種植過程中，不需特別施肥及除草。一株檳榔樹的壽命大約有五、六十年。榦似椰子而細，一榦有三四穗，每穗結實三、四百顆。

檳榔果爲市售檳榔的主要成分，加入石灰、荖藤，另外爲了調味並添加柑子蜜、荳蔻、茴香、橘皮、玉桂、蜂蜜、高粱酒、糖、鹽等佐料，可以調配成多種的口味。

根據民國八十四年統計，台灣種植檳榔樹面積爲五四、五三四公頃，佔台灣土地的六十六分之一，相當於兩個台北市。現在檳榔業已成爲台灣第二大的農作物，僅次於稻米的生產。

據估計，現在全台灣嚼食檳榔的人口大約有三百萬人，龐大的檳榔族群分布在社會的各階層，而年齡也有明顯下降的趨勢，平均每天消費六千五百萬顆檳榔。

嚼食檳榔有如吸菸，除了獲得短暫的快感外，既無裨益，反而有害健康。根據國際癌症研究中心發表的報告，認爲嚼食檳榔會導致口腔癌，及咽喉、食道等部位之癌症，因爲檳榔中的石灰、檳榔素、檳榔鹼，會導致口腔黏膜纖維化，且會導致孕婦死產、流產與畸胎。嚼食檳榔可能引發的口腔癌，台灣每年增加率高達百分之十四・五八，僅次於攝護腺癌，衛生署最近指出：檳榔、菸、酒都吃的人，口腔癌的罹患率是一般人的一百二十三倍。

由於販賣檳榔利潤極高，檳榔攤在台灣已經發展成連鎖商店，二十四小時營業，而且從都市到鄉村無所不在，據估計全台灣檳榔攤約有數萬個攤位，各重要幹道常被販賣檳榔業者非法佔用設攤，並雇用年輕女子妝扮成「檳榔西施」，或雇用輟學少年扮成女子販賣檳榔，嚴重影響社會善良風氣。

台灣檳榔族，在都市多爲清潔隊員以及汽車駕駛，在鄉村多爲一般農民工人。他們一旦吃檳榔上癮後，再也不願意戒掉，非至發生口腔癌待延醫診治後，決不停止嚼食檳榔。

台北市衛生局最近曾針對檳榔族舉辦口腔癌保健研習會，鼓勵公車及計程車司機前往各區衛生所免費篩檢口腔，使病患獲得適當醫療。

台灣檳榔族既是如此衆多，如其事後檢查，何不勸導民衆自動戒絕。而一般民衆在了解檳榔之害後，最好自動遠離檳榔，以策安全。須知檳榔滋味雖好，決不如生命的可貴，何必用自己的生命作賭注呢。

我們從事養生保健，首先必需養成良好的飲食習慣。而吸菸、酗酒、嚼檳榔實爲健康的三害，必須徹底戒除，才能確保健康，切勿視爲小事而予忽略。

茲錄戒菸歌（調寄釵頭鳳作者佚名）一首如左，以供吟誦：

本國菸，外國菸，
成癮痛苦都無邊。
前人唱，後人和，
飯後一支，神仙生活，
錯！錯！錯！
菸如舊，人苦透，
咳嗽氣喘罪受夠。
喜樂少，痛苦多，
一朝上癮，終身枷鎖，
莫！莫！莫！

如何培養幽默感

一、前　言

「幽默」原是舶來品，爲英語 Humor 之音譯，其義爲調侃之語吻而含有深刻諷刺之意者。富有幽默的人稱爲具有幽默感（Sense of humor）。中文「幽默」一詞，我國古已有之，原義爲「深靜」。《楚辭、九歌、懷沙》云：「孔靜幽默」。又《文選》謝靈運《擬魏太子鄴中集詩》云：「哀哇動梁埃，急觴盪幽默」。

「幽默」最簡單的含義，就是風趣引人發笑而含有深意的話。幽默是一種心智成熟的表徵，也是一種表達人生觀的心態。幽默大師林語堂曾說，上乘的幽默是「表示心靈的光輝與智慧的豐富」，又說「幽默是人類心靈的花朵」。幽默的背後往往含有深意，使聽者於會心的微笑之餘而有所領悟。蕭伯納曾說：「我們可以在幽默的背後找到眞理。」

有人說中國人往往過於嚴肅，所以很少幽默，其實不然。古代的老子、莊子在他們的著作中都包含很多幽默的成分，甚至孔子也有許多幽默的故事。我國民間的歇後語、笑語、相聲等也充滿了幽默的成分。幽默是一種主觀的認定，沒有一定的標準。甲認爲幽默的，乙未必同意。幽默的內涵，除「風趣」之外，也可以包含「詼諧」、「滑稽」、「諷刺」、「機智」等。

幽默能幫助我們用適當而輕鬆的態度，處理嚴肅而困難的事情，幽默是打破僵局的妙方，幽默也是人際關係的最佳滑潤劑，它能使你在與人溝通和交往上增色不少。幽默含有笑的成分，使你身心愉快，增進你的健康。

幽默是一種對人處事的態度，一種說話的技巧。幽默可以經由學習而增進，所以一個人的幽默感是可以培養的。

二、林語堂的幽默世界

我們如果要了解「幽默」的確切涵義及其重要性質，最好遍閱幽默大師林語堂的著作，在他所著的「吾國與吾民」、「生活的藝術」、及「無所不談合集」等書中，均有專節或專文談論幽默，見解精闢，分析詳盡。

幽默是什麼？他對幽默所下的定義是：「幽默是叫人發笑的話，但是使人發笑的方法不是油滑，而是對人生有了深刻觀察後所說的老實話。幽默的語句都近人性，而且含有悲天憫人的胸懷。」他在另一文中又說：「幽默者是心境之一狀態，更進一步，即爲一種人生觀的觀點，一種應付人生的方法。無論何時，當一個民族在發展的過程中，產生豐富之智慧足以表現其理想時，則開放其幽默之鮮葩，因爲幽默沒有旁的內容，祗是智慧之刀的一晃。」

至於幽默的重要性，在於它可能改變我們整個文化生活的性質，包括幽默在政治上、學術上和生活上的地位。「它的功能與其說是物質的，不如說是化學的，因爲它改變了我們的思想和經驗的根本組織。」

在此，我們首須辨別幽默與幾個類似名詞的區別。

幽默與諷刺不同，幽默是莊諧並重的，使聽的人或讀的人，引起一種「會心的微笑」；諷刺則是以尖銳冷酷的語言譏笑別人，一針見血，容易刺破別人的假面具。

幽默也與謾罵不同，幽默是出於心靈的妙悟，它是同情的，所以只會笑，不會怒；謾罵則缺少理智的妙悟，它是自私的，急於打倒對方。

幽默又與機智不同。根據梁實秋主編的「最新實用英漢辭典」的解釋：「機智（Wit）與幽默（humor）均指了解和表達出可笑的事物，或使人發笑的才能。但機智指對於引人的、不平凡的、前後矛盾的或不相稱的東西反應很快，能立刻了解，並能以妙語警句說出。幽默則指能看出人生人性中可笑與荒誕的事物，且能同情及和善地把它們表達出來。」

林語堂曾將幽默區分爲廣義的和狹義的兩種：「幽默有廣義和狹義之分，在西文用法，廣義的常包括一切使人發笑的文字，連鄙俗的笑話在內。西文所謂幽默刊物，大都是偏於粗鄙笑話的，若笨拙等雜誌，格調並不怎樣高，簡直有許多不堪入目的文字。在狹義上，幽默是與機智、譏諷、揶揄區別的。這三四種格調都含有笑的成分，不過笑本身有苦笑、狂笑、淡笑、傻笑各種的不同。又笑之立意態度，也各有不同，有的是酸辣，有的是和緩，有的是鄙薄，有的是同情，有的是片語解頤，有的是基於整個人生觀，有思想的寄託。最上乘的幽默，自然是表示『心靈的光輝與智慧的豐富。』」

一九七二年，第三十七屆國際筆會在漢城舉行，林語堂曾以「東、西方的幽默」爲題，在會中發表精采的演說。在他的演說中，首先把幽默形容是「人類心靈的花朵」。他說：「我認爲幽默的發展是和心靈的發展並進的，因此幽默是人類心靈的花朵。它是心靈的放縱或者放縱的心靈。惟有放縱的心靈才能客觀地看萬事萬物，而不爲環境所囿。」

他接著指出，最崇高的幽默便是能逗引人發出一種含有思想的笑之一種幽默，人生充滿了悲哀與憂愁，愚行與挫折，那就是幽默所至，成爲足以使人產生力量恢復精神的一個因素。它表現在一種廣大無邊的哀憐中——以一種悲傷但具有同情的態度洞察一切人生。這只有人類中最偉大者始克臻此。它表現在佛祖和耶穌身上。

隨後他舉出兩個幽默實例——一種由於承受這人間境況中所不可避免的事情，或者克服一種缺憾，藉以表現其力量的幽默。

一般的幽默能使緊張的心情轉變爲緩和，使神經在得到快感，而發爲笑。哲學家佛勞德曾舉一例甚佳：「某窮人向其富友借二十五元。同日這位朋友遇見窮人在飯店吃一盤很貴的奶漿沙羅門魚。朋友就上前責備他說：『你剛才跟我借錢，就跑來吃奶漿沙羅門魚，這是你借錢的意思嗎？』窮人回答說：『我不明白你的話。我沒錢時不能吃奶漿沙羅門魚，有錢時又不許吃奶漿沙羅門魚。請問你，我何時才可以吃奶漿沙羅門魚？』」

我國古代的許多大哲學家也是幽默家。例如老子曾說：「知者不言，言者不知。」又說：「聖人不死，大盜不止。」均富幽默感。至莊子一出，遂有縱横議論捭闔人世之幽默思想及幽默」文章出現。例如「莊子」一書中的觀魚之樂，蝴蝶之夢，說劍之喻，蛙鱉之語等，均爲上乘之幽默。茲舉其所述關於寡婦的故事一則如下：「我散步時看到一個服喪的婦人跪在地上，手裏拿著一把扇子搧一座新墳，墳土猶濕。我問她：『你爲何那樣作呢？』而那寡婦卻回答說：『我曾答應我的親愛的丈夫，我要等他的墳土乾了以後才會改嫁，現在你看這可惡的天氣！』」

至於儒家的孔子，曾經被人描繪成一個道貌岸然規行矩步的學究，林語堂認爲，孔子根本不是那種人，「他能笑他自己的失敗和挫折，因爲孔子表面上是一個失敗的人。他離鄉背井，出國遠行，周遊列國十四年，想尋找一個願將他的主張付諸實施的統治者。他從一個城市走到另一個城市，他的門徒跟在後面，老是受到妒忌他的小政客痛恨。有好幾次他被他的敵人在路上加以擱截，而且至少有一次被圍困在郊外一家小客棧中，絕糧七日。當他的門徒開始發出怨聲時，孔子卻在雨中唱起歌來。孔子到鄭國，有一天，他和門徒走散了，孔子獨自站在城東門，鄭人或謂子貢曰：『東門有人，其顙似堯，其項類皋陶，其肩類子產，然自腰以下不及禹三寸，纍纍若喪家之犬。』孔子欣然笑曰：『形狀未也，而似喪家之犬，然哉然哉。』」

林語堂最推崇大詩人陶淵明作品中所含有一種美妙的幽默，稱之爲閒適的幽默。那是一種閒暇的知足，風趣的逸致和豐富的捨己爲人的熱情。他的「責子」一詩是最好的例子：「白髮被兩鬢，肌膚不復實。雖有五男兒，總不好紙筆。阿舒已二八，懶惰故無匹。阿宣行志學，而不愛文術。雍端年十三，不識六與七。通子垂九齡，但念梨與栗。天運苟如此，且進杯中物。」

我國歷代文人的文章，大部分講求衛道和八股，而缺乏幽默的滋潤。至於偶爾戲作的滑稽文章，如韓愈之送窮文，李漁之逐貓文，祗不過是遊戲文字，談不上幽默。只有在性靈派文人的著作中，以及宋之平話，元之戲曲，明之傳奇，清之小說，常可發現幽默的作品。

關於現代幽默小品文的格調及其寫法，茲摘錄林語堂一段精采的文字如下：

現代西洋幽默小品極多，幾乎每種普通雜誌，都要登一二篇。這種小品文，文字極清淡，正如閒談一樣。有的專用土白俚語作時評，求其浸入人心，如 Will Rogers 一派；有的與普通論文無別，或者專素描如 Stephen Leacock，或者是長議論，談人生，如 G. K. Chesterton，或者是專宣傳主義，如蕭伯納。大半筆調皆極輕快，以清新自然為主。其所以別於中國之遊戲文字，就是幽默並非一味荒唐，既沒有道學氣味，也沒有小丑氣味，是莊諧並出，自自然然暢談社會與人生，讀之不覺其矯揉造作，故亦不厭。或且在正經處，比通常論文更正經，因其較少束縛，喜怒哀樂皆出之真情。總之，西洋幽默文大體上就是小品文別出的一格。凡寫此種幽默小品的人，於清淡筆調之外，必先有獨特之見解及人生之觀察。因為幽默只是一種態度，一種人生觀，在寫慣幽默文的人，只成了一種格調，無論何種題目，有相當的心境，都可以落筆成趣了。

林語堂不但擅長寫作幽默文章，而且很喜歡講幽默故事。在一次宴會上，他曾講過王國維怕老婆的故事：王先生愛學問如生命，勤於著作，可是王夫人卻是一個極其碎嘴的婦人，一天到晚老在王先生旁邊嘮叨不絕，王先生從書房躲到臥室，她也跟著到臥室，從臥室躲到廚房，她也跟著不誤。有一天，王夫人說要回娘家去住兩天，王先生大喜過望，以爲耳根能夠清靜，可以大寫特寫文章了。那裏知道，沒有王夫人的嘮叨，靈感反而不來，結果白白浪費了兩天，一個字也寫不出來。

有一次，林語堂參加臺北一個學校的畢業典禮，在他講話之前，已有好多很長的講演，輪到他說話時，已經十一點半了，他站起來說：「紳士的講演，應當是像女人的裙子，越短越好。」大家聽了一發楞，隨後哄堂大笑，成爲第一流的笑話。

可惜這個名滿天下，把 Humor 譯爲「幽默」的創始人—林語堂已於民國六十五年三月廿六日離開他的幽默世界了。

三、梁實秋的幽默小品文

梁實秋（一九〇二—一九八七）學問淵博，爲人風趣，文章幽默，莊諧並作。所著「雅舍小品」及其他雜文行銷極廣，歷久不衰。他的詩人學生余光中曾形容爲「雅舍的筆法清俊簡潔，點到爲止，文白相濟，放而能收，引證則中外兼採，行文則莊諧並作，時或誇張而令人驚喜，時或含蓄而耐人尋思，乃成爲五四以來有數的散文大家。梁氏的風格，上承唐宋，下擷晚明，旁取英國小品文的洒脫容與，更佐以王爾德的驚駭特效，最講究好處收筆，留下嫋嫋的餘音。」

早年梁氏曾與魯迅論戰，攻擊魚迅的「硬譯」。而魯迅則譏嘲梁氏「其軟如綿」，梁氏乃還以顏色：「魯迅先生舉盧那卡爾斯基的作品（按即魯譯「文藝與批評」）爲無產階級文字的代表時，那態度眞有點像戰士的勇敢，而底下躲躲閃閃的態度便是其軟如綿，太快的縮了。」梁氏以幽默的筆法報了一箭之仇，而且加利奉還。

梁先生對於官吏總是敬而遠之，他在「升官圖」一文中云：「只因作官要看三件難看的東西：犯人的屁股、女屍的私處、上司的面孔。」三個狠句所嘲諷的對象是清朝的縣官，把罵人的藝術發揮得淋漓盡致。

梁先生後期的文章，並非如此尖酸刻薄，而是亦莊亦諧的眞正幽默。例如「職業」一文云：「有一回應邀參加一次宴會，舉座幾乎盡是權貴顯要，已經有『衣敝縕袍與衣狐貉者立』的感覺，萬没想到其中有一位卻是學優而仕平步青雲的舊相識，他好像忘了他和我一樣在同一學校曾經執教，幾杯黃湯下肚之後，他再也按捺不住，歪頭苦笑睇我而言曰：『你不過是一個教書匠，胡爲廁身我輩間？』此言一出，一座盡驚，主人過意不去，對我微語：『此公酒後，出言無狀。』

其實酒後吐眞言，『教書匠』一語夙所習聞，只是尊俎間很少以此直呼。」

有人說梁先生的幽默，「在最尋常的人生態中體味到人世間最深沉的悲哀」，此話不錯。如果站在人生之外對人生作諷刺，這是「冷嘲」，站在人生之外觀察而又回到人生裏面，以最高的機智，對人生作「自嘲」，這才是眞幽默，那不是「冷嘲」，而是「熱諷」。梁先生的幽默多是熱諷，而且是開自己的玩笑。有人批評他的文章太刻薄，他辯道：「我寫文章的原則：開玩笑，必須先開自己的玩笑；打人的本領不要有，挨打的功夫必須好。」例如梁先生曾幽默地解釋他翻譯莎翁全集的原因：「我能翻譯完莎翁全集，主要在我完全具備了翻譯的條件，條件有三：一、此人要沒有學問。二、沒有天才。三、壽命相當長。這一輩子，我就靠這三個條件做了些事。」梁先生後期的幽默，每寓詼諧於自謙，晚年有一位女記者訪問他，說訪者「出示二十二問，直欲使我之鄙陋無所遁形。」但在另一方面又說，他「好比一口鐘，學生想有所問，必須會叩鐘！大叩大鳴，小叩小鳴。」

還有一件趣事值得一述。他在師大任教期間，有一次聽名人到校演講，主講人因故遲到，主席要他上台講幾句話。上台後，以一副無奈的表情慢慢吞吞地說：「演京戲，在正戲上演之前，經常會找一個二三流的角色出來跳跳加官，讓後台的主角有充分的時間準備，我現在就是奉命出來跳加官的。」此言一出，引起全場哄堂大笑。

梁先生論諷刺文學一文甚爲精闢，他說：「諷刺文學的出發點是愛，不是恨。人性本有缺點，人生本有不如意事，文學家深解人性、熱愛人生，看到不合理不公道的現象輒想加以指陳矯正，諷刺便是一種手段。英國近代作家綏夫特作諷刺文學最擅勝場。他在『一個溫和的建議』裏，建議把愛爾蘭貧民的孩子宰掉，供英國富人貴族大嚼。無一語傷及英國的富人貴族，然而其中激憤之情躍然紙上。寫這樣的文章，作者必須耐住情緒，出之於冷靜。猶如說相聲，使聽衆哄堂而自己板起面孔。」

西諺云：「人的生活在四十歲才開始」，我國流行的說法則是「人生七十才開始」，記者問他那一種說法較對？他說：「人的生活不是四十開始，也不是七十開始，而是在他懂得什麼是生活意義的時候才開始。有人少年老成，雖在青年，已經生活豐富，多彩多姿。有人已經到了髫眊之年，依然渾渾噩噩，不知不覺。七十開始之說，縱非自欺欺人，也只是自慰自勉之意而已。抓住現在，刻意深入，努力向前，便是生活開始，與年齡無關。」

有人問他有没有遺憾的事？他說：「人生焉得没有遺憾的事？我認爲遺憾的事大概不出幾類：

一、應該讀的書没有讀，應該做的事没有做，歲月空度，悔已無及。

二、有機會可以更加親近的大德彥俊，失之交臂，轉瞬間已作古人。

三、對我有恩有情有助的人，我未能盡力報答，深覺有愧於心。

四、可以有幸去遊的名山大川而未遊，年事蹉跎，已無濟勝之資。

五、陸放翁「但悲不見九州同」，我亦有同感。

如今我最希望的事只有一件：「國泰民安，家人團聚。」

最後再來探討一下梁氏幽默文的特點。梁氏的幽默小品文多是對事而不對人，筆鋒所及，往往反躬自嘲，至多是調侃親人，這樣才不會對人造成傷害。他認爲現代散文有兩大毛病：「一是太過於白話化，連篇累牘的『呢呀嗎啦』，絮絮叨叨，令人生厭。一是過於西化，像是翻譯，失掉了我們自己的國文的味道。」至於一般的散文，則病在枝蔓而貪多，作者應該知所割愛，「把枝蔓的地方通通削去，由博返約。」他一再強調「簡短乃機智的靈魂」，而且主張「文章要深，要遠，就是不要長」。針對這些毛病，梁先生乃酌用文言的簡潔，以濟白話的嚕嗦，堅持中文的純粹，以解西化的生硬，而且寓深遠之旨於短簡的篇幅。於是他的正格文章，名副其實，都是兩三千字以內的小品，風格在情趣與理趣之間，抒情而兼議論，形成梁氏小品文的特殊風格。

四、幽默的分類及範例

幽默依其性質可區分爲五大類：

一、詼諧類：輕鬆滑稽，使人發笑的幽默故事。

二、機智類：以才智化解尷尬與困境的幽默故事。

三、嘲諷類：嘲弄自己與諷刺別人的幽默故事。

四、風趣類：意趣風雅，耐人尋味的幽默故事。
五、豁達類：氣度寬宏，率眞超脫的幽默故事。
以下依此分類各舉數例，以供欣賞。（選自郭泰編《幽默一〇〇》

㈠詼諧類：

另外一個「爸爸」──葉公超

葉公超學貫中西，文采風流，具有文學家的氣質，外交家的風度。說話坦率而風趣。他「見大人，則藐之」，對小人物非常客氣而容忍。有一次打電話找中國郵報發行人余夢燕，接電話的工友說：「她不在，請問你是那一位？」他說：「我是葉公超。」工友以爲他在胡鬧，於是說：「你要是葉公超，我就是葉公超的爸爸。」葉公超停了一會，幽默地說：「爸爸！請你告訴我余夢燕在那裏好嗎？」

自稱「阿木林」（呆瓜）的謝東閔

當謝東閔十九歲到上海時，因爲言語不通，鬧了一個笑話。「阿木林」是上海人罵人「呆瓜」的話。他剛到上海，有人把他當成呆瓜而喊他「阿木林」。他誤以爲「阿木」就是「廈門」，而「林」就是上海話的「人」，還很高興地學上海話說：「阿拉（我）阿木林。」

「你儂我儂」的李抱忱

名音樂家李抱忱所作「你儂我儂」一曲發表後立即風行全國。有合唱團的學生在演唱時，常犯看譜不看指揮的毛病。李抱忱幽默地對他們說：「好的合唱團員把譜記在腦中，不好的團員把腦袋埋在譜裏面。我懇求各位在唱的時候『賞』我幾眼，別老是『埋頭苦幹』；因爲在演出時我們不能說話，只能彼此『眉來眼去』。」

㈡機智類：

妙解外賓的疑慮，蔣夢麟破「十三」有法

有一次蔣夢麟請外賓吃飯，不巧一桌十三人，外賓們都露出不安的樣子，他警覺到了，立刻笑著說：「在西方『十三』是不吉利的，可是在中國卻是大吉大利，譬如福、祿、壽這三個字都是十三畫。」說完還叫侍者拿來紙筆，當場書寫，證明這三個字都是十三畫（他把『福』、『壽』字中的口寫成兩筆）。外賓立刻轉憂爲喜，開懷暢飲。

富有文彩的李鴻章

中日甲午戰爭，清朝戰敗，清廷派李鴻章赴日議和，當時精通中文的日本首相伊藤博文，故意出了一幅對聯爲難他。上聯是：「朝無相，邊無將，爾國家玉帛相將，將來難保。」由於「相」、「將」兩字前後的音義完全不同，實在很難對，李鴻章想了一回，對出下聯：「天難度，地難量，我皇上寬宏度量，量亦無妨。」天衣無縫，不卑不亢。

三大美男子之一的顧維鈞

顧維鈞是我國外交界的耆宿，也是享譽國際的外交家。當他擔任外交工作五十一年後於民國五十六年自美國退休回國時，在記者會上有人問他：「您是我國民初三大美男子（另二位是梅蘭芳與汪精衛）之一，對這一點您有何感想？」他幽默地答道：「我不知道啊！在年輕的時候，沒人告訴我，現在我已經八十歲了，不能算是美男子了吧！」此話一出，大家都笑了。

㈢嘲諷類：

「哥哥爸爸真偉大」的蔣緯國

蔣緯國很喜歡開自己的玩笑，他曾公開說，他是唯一有資格唱「哥哥爸爸真偉大」這首歌的人。民國六十七年蔣經國先生出任總統後，有人問蔣緯國有何感想，他幽默地說：「過去三十年來，我是總統的兒子，熬到現在總算升級出頭，變成總統的弟弟了。」

「好在我不姓王」的吳稚暉

吳稚暉一生提倡國語。民國二年，教育部召開全國讀音統一會議，他被推選爲議長，副議長是王照。王照自己有一套拼音字母，有一次與吳稚暉爭得面紅耳赤，情急之下破口大罵說：「吳稚暉，你這個老王八蛋，只知道嬉皮笑臉，你懂什麼語言學。」聽到王照口出惡言與會人士均捏了一把冷汗，不料吳一點也不動怒，僅幽默地說了一句：「好在我不姓王。」於是全場熱烈鼓掌，王照乃默默離席而去。

鬍子的笑話—張大千

張大千留了一口大鬍子，有一次朋友請吃飯，席間有人以鬍子的種種來消遣他，他不慌不忙地說：「我也來講一個有關鬍子的笑話，劉備在關張兩弟亡故後，特興師伐吳報仇，關羽之子關興與張飛之子張苞復仇心切，爭做先鋒。爲公平起見，劉備說：『你們分別講述父親的戰功，誰說得多，誰就當先鋒』，張苞說：『先父喝斷長板橋，夜戰馬超，智取瓦口，義釋嚴顏。』關興口吃，囁嚅良久，才脫口說：『先父鬚長數尺，獻帝當面稱爲美髯公，所以先鋒一職理當歸我。』這時關公立於雲端，聽完禁不住大罵道：『不肖子，爲父當年斬顏良，誅文醜，過五關，斬六將，單刀赴會，這些光榮的戰績都不講，光講你老子的一口鬍子有啥用。』

四風趣類：

幽默大師林語堂

紐約某林氏宗親會邀請林語堂演講，希望藉此宣揚林氏祖先的光榮事蹟。此種演講吃力不討好，如不說誇讚祖先的話，同宗會失望，若太過吹噓，又有失學者的風範。當時他不慌不忙地上台說：「我們林姓的始祖，據說是心有七竅的商朝比干丞相，這在『封神榜』裏提到過。英勇的有『水滸傳』裏的林沖，旅行家有『鏡花緣』裏的林之洋，才女有『紅樓夢』裏的林黛玉。另外，還有美國大總統林肯，獨自駕機飛越大西洋的林白，可說人才輩出。」他這一段精采的演講，令台下聽衆雀躍萬分。

趙元任的夫妻相處妙方

趙元任與夫人楊步偉是一對公認的神仙伴侶，兩人共度了六十一年甜蜜的婚姻生活，在他們的金婚紀念日，楊步偉曾作一首詩：「吵吵爭爭五十年，人人反說好姻緣，元任欠我今生業，顚倒陰陽再團圓。」趙元任回了一首：「陰陽顚倒又團圓，猶似當年蜜蜜甜，男女平權新世紀，同偕造福爲人間。」趙元任懼內，有人向他們請教夫妻和諧相處之道。楊步偉說：「完全是因爲他耐性好。」趙元任則幽默地回答：「那裏的話，是我的忘性好。」

郁達夫的創作要訣

有一次郁達夫應邀演講，他在黑板上寫了「快短命」三個大字，台下的聽衆都很奇怪，他說著說：「本人今天要講的題目是『文藝創作的基本概念』，黑板上的三個字就是要訣。快就是痛快，短就是精簡扼要，命就是不離命題。演講和作文一樣，也不可以說得天花亂墜，離題太遠，完了。」包括在黑板寫那三個字與說話的時間，總共不到二分鐘，正合乎「快短命」原則。

(五)豁達類：

崇尚童心的豐子愷

在文革期間，他把坐牢當成參禪，把批鬥當作是演戲，夜晚在黃浦江上被批鬥，他說是「夜游黃浦江」，當他銀白的長鬚被剪去一截，弟子爲他叫屈不平時，他反而毫不在乎地說：「這有什麼關係，『野火燒不盡，春風吹又生。』」不久，他被下放勞改。在下雪的冬天，七十多歲的他睡在地上，枕邊堆滿了積雪，大清早還得到河邊打水漱洗。面對此種淒慘的遭遇，他幽默地說：「地當床，天當被，還有一河濱的洗臉水，取之不盡，用之不竭，是造物者之無盡藏也。」

新聞界的老兵──曾虛白

曾虛白七十九歲生日時，許多學生向他道賀。他幽自己一默說：「七十九歲正是『望八』之年，但『望八』（語音近似王八）實在不雅聽，所幸老妻已逾古稀之年，不復青春少艾，所以倒不用擔心。」

拒暖壽以避閻王的郎靜山

郎靜山生性淡泊達觀，當他雖已達一百零四歲高齡，身體仍舊非常硬朗。有人向他請教養生之道，他說：「長壽的秘訣只有『看得開』三個字罷了。」「別人的事我多順從，自己的事我不勉強」，是他的處世原則，對於朋友的要求他很少拒絕，倒是每年的生日，朋友要替他作壽時，總被他婉拒了。他幽默地解釋說：「不要過生日，閻王爺才不會注意我。」

五、發展你的幽默感

在《如何享受老年》一書的最後一章，著者心理學家斯金納曾經指出：「生命是一齣戲，扮演得好的話，老年這角色就充溢著：寧靜、智慧、自由、高貴和幽默感。」他把幽默感作爲老年人良好表現必具的條件之一，它能調劑你的生活，使你可以用笑聲面對失意，促進人際關係，打破人事僵局，使你身心愉快。要之，幽默感能賦予你下列幾項能力：*1.*放鬆心情，*2.*解決問題，*3.*用「笑」對待疾病和煩惱，*4.*產生歡樂，*5.*促進溝通。有人說過：「沒有幽默感的人就像沒有彈簧的馬車—路上的每一塊石頭都會造成顚簸。」

幽默感究竟是一種遺傳特質，或是經驗的產物？依據心理學家研究的結果：人人都有幽默的潛能，只是發揮的程度各人不同。所以一個人的幽默感是可以經由學習而培養增進的。如果你領悟了幽默的特性，並善加運用，你的幽默能力就會不斷地成長，發展成爲你人格成熟的表徵。

如何發展你的幽默感？依據《幽默定律》一書提供的處方如左：

*1.*接納遊戲的態度，敞開胸襟，接受未經修飾的、反傳統的、愚昧的、或激進的想法。

*2.*想法要有趣，努力發掘事情有趣的一面。

*3.*對於人我之間的矛盾一笑置之。

*4.*只取笑別人的所作所爲，不要針對他本人，除非你確定他有雅量接受。笑別人的時候，將

別人當作一面鏡子，反省自己的缺點。

*5.*用客觀、容忍的方式嘲笑自己。

*6.*不要將自己看得太重要，但是對工作、責任要抱嚴肅的態度。這樣才能減低生活的焦慮和負擔。

*7.*逗人發笑，爲別人製造快樂，你也會享受到幽默感所帶來的特別歡樂。

*8.*幽默感不僅包括笑，它所帶來的滿足感比一般喜劇更深刻。幽默感能使你看日常生活中有趣的一面。有趣比滑稽重要。

幽默是最好的醫藥，能使你身心健康，而健康就是財富。

笑的魅力

——笑是身心健康的維他命

人際關係的滑潤劑

笑是人類獨具的天賦本能，動物都不會笑，只會發怒。亞里斯多德早在所著《動物學》中說過：「人是唯一能笑的動物」。人類用笑來表現喜悅的心情，也用笑來表現與他人親密的關係。因此，笑是心理健康的維他命，也是人際關係的滑潤劑。

笑可增進身心健康。在生理方面笑可降低血壓，減輕肌肉張力，促進消化功能；在心理方面，笑可以減輕壓力與焦慮。

美國幽默治療協會創始人格連(Alison Grane)說：「醫學研究顯示，即使笑不是可治百病的仙丹妙藥，至少愉悅的心情對身體健康有良好的影響。」又說：「也許比生理上效果更重要的是，幽默笑聲對心理健康有極大的幫助，其中又以減輕壓力與焦慮最爲重要。」幽默感是笑的動機與方法。

格連還指出笑能改善人際關係的溝通：「如果你想在商場上，朋友圈中或家庭裏創造親密的關係，就要多多增加歡笑聲，因爲笑可增加彼此的歸屬感。」共享歡笑可使孤獨、恐懼以及疏離感消弭於無形。（參見《天天享受健康秘訣》中央日報出版部）。

現在社會上有許多人整日埋頭苦幹，愁眉深鎖，没有娛樂和歡笑，以致未能獲得舒暢身心的機會，因而無法擁有健康的身體與生活。

根據醫學及生理學的研究，笑是心情愉快的表現，對於健康是有益的。笑是一種複雜的神經反射作用，當外界的笑料變成信號，通過感官傳入大腦皮層，大腦皮層接到信號，就會立刻指揮一部分肌肉動作起來，形成笑的現象。此時小則嫣然一笑，笑容可掬，僅有輕微的肌肉動作，這是微笑。大則捧腹大笑，此時不僅面部肌肉動作起來，甚至全身肌肉、骨骼都動起來了。

笑能治病，神經衰弱的人要多笑，笑能消除肌肉緊張，防止疼痛。但患高血壓和心肌梗塞的病人，則不宜大笑，以免引發中風。

美國著名作家代爾・卡耐基(Dale Carnegie, 1888-1955)所著《如何交友及影響他人》（或譯《處世藝術》），把微笑列爲使人喜歡你的六種方法之一，爲成功人格中一種最可愛的因素，他認爲行動勝於言辭，你對人微笑，彷彿就是對人說：「我喜歡你，你使我快樂。」但微笑必須出自誠意，由內心發出的微笑才能感動他人。

至於訓練微笑的方法是：盡量控制你的思想，想到快樂的事情，有了快樂的心情，面上才能顯出眞誠的微笑，面上有微笑的人，永遠受人歡迎。

笑的來源與演變可略述如下。

笑，嗤也，哂也。易經萃卦初六爻辭云：「若號，一握爲笑。」此爲本义的象學說明，言初雖號咷，終乃一握爲笑也。此笑爲懦劣之貌。例如：「以五十步笑百步」（孟子梁惠王上）。

又笑，欣也，喜也。例如：「樂然後笑。」（論語．憲問）指君子喜樂然後笑也。

又笑，微笑也。例如：「夫子莞爾而笑。」（論語．陽貨）

由上可知，笑的本義爲欣喜，笑時解顏啓齒，心中快樂。在程度上雖有大笑微笑之別，所表現的都是愉快的情緒。其後演變的結果，笑中雜以各種感情和動作，於是笑的功用擴大了，例如諂笑、冷笑、嬉笑、笑罵、笑侮、笑敖，乃至笑面虎，笑裏藏刀等。

前述笑是促進心理健康的維他命，此種笑是由於自己心中快樂而表現出喜悅的情緒；至於作爲人際關係的滑潤劑的笑，則是使他人喜悅的笑，幽默的笑，「幽默是人類心靈的花朵」（林語堂語），幽默的背後往往含有深意，使聽者於會心的微笑之餘而有所領悟。

但是我們平日不易遇到歡笑的事物，笑的機會不多。歡笑要靠自己創造，除了經常保持愉快的心情外，最好要使日常生活過得輕鬆快樂。例如觀賞幽默漫畫及錄影帶，多聽音樂及相聲，設法使家中充滿歡笑聲。

不久前，有一位高齡的鄭其青先生發明一種「久笑養生法」。經過多年的研究，他終於發現：當一個人兩邊的嘴角向上蹺時，心情就會愉快，嘴角向下垂時，心情就會轉壞。練習時要配合呼吸，先緩緩呼氣，並發出小聲的「伊」，再把嘴閉起來，然後由鼻孔慢慢吸氣，並把嘴角拉長，這時便自然笑容可掬了。一個人如果每天能練習五回，每回笑八次，對於養生保健及人際關係必大有裨益。

古人在養生方面亦有人主張要笑口常開，例如唐代白樂天的〈對酒詩〉云：

蝸牛角上爭何事，
石火光中寄此身。
隨富隨貧且隨喜，
不開口笑是癡人。
百歲無多時健壯，
一春能有幾天晴。
相逢且莫推辭去，
和徹陽關第四聲。

今人張群先生的「不老歌」也主張要「多笑笑」：

起得早，睡得好，
七分飽（生活有規律）；

常跑跑，多笑笑，
莫煩惱（心情要愉快）；
天天忙，永不老。
（做人要勤勞）。

前立委吳延環先生曾經作過一首「大笑歌」：

一笑煩惱跑，
二笑怒氣消；
三笑憾事了，
四笑病魔逃；
五笑永不老，
六笑樂逍遙；
時常開口笑，
壽比彭祖高。

要之，笑口常開，不但可以袪病延年，健康長壽，而且可以增進人際關係，多交朋友，我們何樂而不爲呢。

漫談友誼

——「天下有一人知己，可以不恨。」

——張潮

一、友誼的重要

英國哲學家羅素有一次對電視訪問記者說：「我認爲造成快樂的因素有四個，首先是健康，其次是足夠的物質條件，使你免於困苦，第三是快樂的人際關係，第四是成功的工作。」他所說的人際關係，包括友誼、愛情、以及對兒女的關係，假如這些關係不愉快，就會使生活過得很苦。可見羅素對友誼的重視。

人類是合群的動物，沒有人願意孤獨地過一生。魯濱孫飄流在孤島上，被迫孤獨地度過了一段寂寞的歲月，只證明了人類有堅毅的求生意志，生活過得並不快樂，最後他還是要回到家鄉，才有愉快的生活。

希臘哲學家亞里斯多德曾說：「樂於孤獨的人非禽獸即神仙」。佛蘭西斯·培根批評亞氏這句話，道盡人間的至理，也極盡荒謬之能事。一個人如果生來嫌惡交際，多少具有野獸的本性，這是眞實的，但如果說這種心理含有神聖的成分，那是無稽之談。一個人倘要追求清高的生活方式，帶著家眷，或三五好友，退隱林泉，過著神仙似的生活，那是可能的，但並不是孤獨的生活。

自古以來，西哲論友誼最透澈的莫如羅馬哲人西塞羅，他在「論友誼」篇中，強調友誼的重要性說：「友誼是存在於一切關係中的一種和諧事物，有人性也有神性，以相互的善意與摯愛聯結在一起，我認爲除智慧以外，不朽的神所給我們的，沒有比友誼更好的了。有人喜歡財富，有人喜歡健康，有人喜歡權力，有人喜歡名譽，許多人甚至喜歡官能的享樂。最後一項衹是無知者所徵逐的最高目標，其他各項是浮盪不定的，靠各人善變的命運者多，靠判斷與遠見者少。」他把智慧與友誼並列，視爲神所賜的最佳的禮物。他認爲友誼是人與人之間自然形成的關係。友誼中最重要的成分是「善意」，假如把善意從友誼中剔除，則友誼也就不成其爲友誼了。「友誼」這個字（拉丁文是 amor ）是由「愛」(amicita) 而來的，所以由友愛而產生「善意」，眞正的友誼是表裏一致的，「友誼與其說是出於需要，不如說是出於本性、出於心靈的一種傾向，與愛心相結合，而不是計算友誼大概能帶來多少利益。」假如一個人打算從別人獲得利益而從事交友，那不是友誼，而是利害關係，相交的人決非朋友，而是勢利的人。

二、友誼的功能

友誼既然如此重要，然則它的功能怎樣？培根說友誼有三種功能：第一種是感情方面的。人是感情的動物，一個人的各種感情如果得不到宣洩，悶在心裏，遲早會生病，傷害身體。友誼的主要益處就是可以舒散發洩內心的感情。眞誠的朋友，感情融洽，彼此之間無話不可談，對方遇有快意之事，可以分享，遇有悲痛之事，也可獲得慰藉。向朋友傾訴心事可以產生兩種效果：可以使快樂加倍，可以使憂愁減半。凡是將自己快樂的事告訴朋友，無不更快樂，凡是將自己憂愁的事告訴朋友，無不憂愁頓減。

第二種功能是智力方面的。友誼不但可化解感情上的鬱結，還可增進思想上的清明。當我們在生活上遇到某種危機時，總是愁眉不展，心事重重，頭腦不清，思想遲鈍，此時若有好友予以同情的安慰之外，並共同商討化解之法，頓覺理智復明，頭腦清爽，於是危機消失，變成轉機。

第三種功能是傳達方面的。朋友的益處是多方面的，有的事情自己不好出面，朋友可代爲交涉；有的事情自己不便出口，可請朋友婉轉代說；遇有人際關係觸礁時，可請朋友從中調解。

其實，朋友的功能尚不止這些，例如朋友之間相互切磋，而增進彼此的學問和品德，必要時，眞正的朋友可託六尺之孤，可寄百里之命，還可通財之有無。我國歷史上友誼最篤的「管鮑之交」就是最佳的範例。春秋時代齊國宰相，年輕時與鮑叔牙相交，兩人合夥經商，所獲盈利鮑叔牙總是讓管仲多得一些，因爲他知道管仲家中很窮，多分一點，也是通財之義，以後管仲做了宰相，兩人友誼至死不渝。管仲曾經感嘆地道：「鮑叔不以我爲貪，知我貧也。生我者父母，知我者鮑叔也。」管鮑之交竟成爲千古美談。

古人重視朋友尤甚於妻子，語云：「妻子如衣服，朋友如手足，衣服破，猶可補，手足斷，不可續。」可見友愛之可貴。然而友愛難得，既得之後，便應竭力維護。常見摯友之間，由於偶然的誤會，以致友誼破裂，甚至絕交。至於有的彼此爭權奪利，有的在愛情上處於敵對地位，因而危害友誼的存在，則是無可奈何的事，往往自己做錯了事，不加反省認錯，還指責對方不夠朋友，這種朋友不交也罷。

三、益友和損友

朋友可分爲益友和損友兩大類，益友可交，損友應該避免。孔子談交友之道，分析甚詳：「益者三友，損者三友。友直、友諒、友多聞，益矣。友便辟、友善柔、友便佞，損矣。」友直，指與言行正直的人做朋友；友諒，指與言行信實的人做朋友；友多聞，指與富於見聞的人做朋友，交接這三種朋友，都可以使人受益。友便辟，指交接容儀足恭慣於奉承的人；友善柔，指交接表面柔順善於諂媚的人；友便佞，指善於口辯游談無根的人；交接這三種朋友，都會使人受損。

但是孔子又說過「無友不如己者」，照字面的意思講，就是不要和不如己的人做朋友，這樣一來，如己者豈不是也會拒絕與我爲友嗎？而超己者豈不是更不願與我爲友嗎？其中似有矛盾，但劉寶楠疏解說：「不如己者，即不仁之人。」就是說不仁的人不可以交，這樣還可說得通。其實，學問品德不如我們的人，我們也應該和他交往，以便誘他向善，何況一般人大多各有所長各有所短，我們只要學其所長棄其所短，更有何人不可交？

維持友誼最重要的因素是忠實，所以西塞羅認爲擇友之道在於審察其是否坦誠、友善而富同情心，沒有這些條件的友誼是不能持久的。他進一步分析說：「祗有好人——或許可稱爲智者，才能保持友誼中的兩條規律：第一、沒有矯飾與僞善；公開的憤恨比掩蓋眞情僞裝笑臉更像一位誠實的君子；第二、在朋友受到無辜的攻訐時，不僅加以拒斥，而且不要懷疑也永不相信朋友會做這樣的錯事。除此之外，再加上和藹可親的言語和態度，友誼必由此而益篤。雖然端肅敬愼也很好，但朋友之間，應該更少拘束、更親切、更和諧而溫文有禮。」（參見西塞羅論友誼篇，載「西塞羅三論」，邱言曦譯，黎明公司出版）

四、交友之道

我國十七世紀清代的一位詩人張潮，論交友之道亦有類似的見解。所著「幽夢影」有云：「一介之士，必有密友。密友不必定是刎頸之交，大率雖千百里之遙，皆可相信，而不爲浮言所動。聞有謗之者，即多方為之辯析而後已。事之宜行宜止者，代為籌畫決斷，或事當利害關頭，有所需而後濟者，即不必與聞，亦不慮其負我與否，竟為力承其事，此皆所謂密友也。」

張潮認為在不同的場合須交不同的朋友，才能相得益彰：「上元須酌豪友，端午須酌麗友，七夕須酌韻友，中秋須酌淡友，重九須酌逸友。」又云：「賞花須結豪友，觀妓須結淡友，登山須結逸友，泛舟須結曠友，對月須結冷友，待雪須結艷友，把酒須結韻友。」他對各種朋友用欣賞的讀書態度來看待：「對淵博友，如讀異書；對風雅友，如讀名人詩文；對謹飭友，如讀聖賢經傳；對滑稽友，如閱傳奇小說。」

好友難覓，「天下有一人知己，可以不恨。」當今之世，如無知交，則可尚友古人，張潮說：「我不知我之生前，當春秋之季，曾一識西施否；當典午之時，曾一看衛玠否；當義熙之世，曾一醉淵明否；當天寶之代，曾一親太眞否；當元豐之朝，曾一晤東坡否。千古之上，相思者不止此數人，則其尤甚者，故姑舉之，以概其餘也。」至於尚友古人之法：「不獨誦其詩讀其書，是尚友古人，即觀其字畫，亦是尚友古人處。」

在從前的農業社會中，人們較為閒暇，比較容易培養友誼。在當今工商業社會中，彼此忙於追逐利潤，很少有風雨連床促膝談心的機會，於是友誼變為「公共關係」，淡而無味。然而友誼既是人生過程中不可或缺的一環，我們只要以誠待人，總可以在茫茫人海中遇到三五好友，屆時務必把握時機，抽空培養友誼，為平淡的人生，增添一分友情的快樂，這是很值得的。

前文曾經談到友誼的重要及功能，認爲一生能得一知己可以無恨，並引用羅馬哲人西塞羅「論友誼」篇中的話作爲論證。可是西塞羅在談到交友之道時，卻發現許多困難，有人曾經指出：「西塞羅論友誼，曾窮舉交友之道，謂人之相與有七術焉，無一可也：待人如己，未可也；待人如彼之待我，未可也；以其自待者待之，未可也；以我待吾親者待彼，未可也；捨己田而耘人之田，未可也；令人棄所學而從我，未可也；同享富貴，未可也。同舟共濟，未可也，而不得不可也。」（參見費海璣「悼陳寅恪先生」一文，載「談陳寅恪」，六十七年傳記文學出版社）

其實交友的困難尚不止此。例如：品德不良的人不可交，以免同流合污；位高勢大的人不可交，以免攀龍附鳳；志趣不同的人不必交，以免格格不入；政見不同的人不必交，以免發生衝突。

此外，如前所述，孔子主張「無友不如己者」，倘若照字面的意思講，就是不要和不如己的人做朋友，則和己一樣的人不必交；而超過自己的人，若是孔子的信徒，也不願和我相交，豈非世人無人可交，交友眞是太困難了。

歷代帝王位高權大，一切皆可隨心所欲，爲所欲爲，只有友誼不能勉強，除非折節下交，把臣子提升到寵臣的地位。例如唐玄宗與高力士，慈禧太后與李蓮英，他們是君臣的關係，同時亦是朋友的關係。又如宋神宗與王安石的關係密切，據說王安石有一次向神宗推薦人才，連舉數人均不批准，乃拂袖逕行，神宗連忙趨向前拉其衣袖說：「介甫，介甫，好商量！」這顯然超過了君臣關係，而變成朋友的關係。

五、友誼的典範

我國歷史上篤於友道生死不渝的要算司馬遷和李陵。漢武帝天漢二年出兵攻打匈奴，李陵自告奮勇，奉命只帶步兵五千人攻打單于，單于調集八萬多騎兵還擊。起初漢軍奮勇殺敵，打了幾回勝仗，終因矢盡援絕，衆寡懸殊，兵敗被擒，消息傳來，武帝震怒，朝中群臣，不敢諫言，唯有同門老友司馬遷直言諫奏，爲李陵說情，認爲李陵奮勇殺敵，雖敗猶榮，將來必有機會立功而歸，豈知武帝非但不聽勸告，竟把司馬遷下獄監禁。次年武帝誤信謠言，以爲李陵在教匈奴練兵，準備和漢作戰，於是怒不可遏，立刻把李陵全家問斬，同時對司馬遷行了腐刑（又稱宮刑，男子去勢之刑），當時只有三十八歲，這眞是奇恥大辱。三年後出獄，悲憤之餘，乃發奮撰述史記，終於成爲「究天人之際，通古今之變，成一家之言」的不朽巨著。而司馬遷和李陵的偉大友誼也留傳千古了。

唐代兩個偉大的詩人李白和杜甫的友誼，則是另外一種典型。李白比杜甫年長十一歲，他們的友誼歷久不渝，彼此欣賞對方的詩作，關心對方的遭遇，分別後常以詩代柬，如杜甫有「春日憶李白」云：

「白也詩無敵，飄然思不群，清新庾開府，俊逸鮑參軍。渭北春天樹，江東日暮雲，何

時一尊酒，重與細論文？」

李白也有詩寄懷杜甫：

「我來竟何事？高臥沙丘城。城邊有古樹，日夕連秋聲。魯酒不可醉，齊歌空復情。思君若汶水，浩蕩寄南征。」

李白有時以遊戲的態度寄詩杜甫：

「飯顆山頭逢杜甫，頭戴笠子日卓午。
借問別來太瘦生，總為從前作詩苦。」

晚年李白因永王璘事件遭流放，杜甫懷念不已，詩云：

「不見李生久，佯狂真可哀，世人皆欲殺，吾意獨憐才！敏捷詩千首，飄零酒一杯，匡山讀書處，頭白好歸來。」（「近無李白消息」）

杜甫不知李白的生死，時時放心不下，他那深摯的友情，不知不覺流露在筆端：

「涼風起天末，君子意如何？鴻雁幾時到？江湖秋水多。文章憎命達，魑魅喜人過，應共冤魂語，投詩贈汨羅。」（「天末懷李白」）

李白久無消息，恐怕凶多吉少，杜甫思念不已，夜夜夢見李白，下面兩首詩更是精誠感人：

「死別已吞聲，生別常惻惻，江南瘴癘地，逐客無消息。故人入我夢，明我常相憶，恐非平生魂，路遠不可測。魂來楓葉青，魂返關塞黑。君既在羅網，何以有羽翼？落月滿屋梁，猶疑照顏色；水深波浪闊，無使蛟龍得。」

「浮雲終日行，遊子久不至，三夜頻夢君，情親見君意；告歸常匆促，苦道來不易，江湖多風波，舟楫恐失墜。出門搔白首，若負平生志，冠蓋滿京華，斯人獨憔悴！孰云網恢恢？將老身反累。千秋萬歲名，寂寞身後事！」（「夢李白」）

古諺有云：一貴一賤，交情乃見；一生一死，乃見交情。杜甫之懷李白，情見於辭，「魂來楓葉青，魂返關塞黑」、「落月滿屋梁，猶疑照顏色」、「三夜頻夢君，情親見君意」，這種珍貴的友情，感人至深，難怪杜甫的詩必然留傳千古了。

唐代另一對名詩人白居易、元稹的篤於友誼，則是一種互相觀摩爭求超越的典型。白居易比元稹年長七歲，兩人同時參加吏部的考試中榜，同時分發在秘書省任校書郎。他們共同提倡通俗化的詩歌，獲得大衆的欣賞，此種反映當時社會現實生活介於雅俗之間的詩體稱爲元和體。

根據當代史學權威陳寅恪所撰「元白詩箋證稿」的考證，當時文士之間有一種相互觀摩爭求超越的精神，尤其元、白之間更爲常見。陳氏說：「今並觀同時諸文人具有相互關係之作品，知其中於措辭（即文體）則非徒仿效，亦加改進；於立意（即意旨）則非徒沿襲，亦加增創……。當時諸文士之各竭其才智，競造勝境，爲不可及也。」並舉元白作品爲證：「……張（戒）氏謂琵琶引語意甚當，後來作者未易超越，其言甚允。蓋樂天之作此詩，亦已依其同時才士，即元微之，所作同一性質題目之詩，即琵琶歌，加以改進。今取兩詩比較分析，其因襲變革之詞句及意旨，固歷歷可睹也。後來作者能否超越，所不敢知，而樂天當日實已超越微之所作，要爲無可疑者。」

朋友之間，於學問品德上切磋琢磨，共求進步，固然是友誼的重要功能，今陳氏舉出元、白之間，各以其作品，相互觀摩，競求超勝，比切磋琢磨更上層樓，實爲友誼之最佳典範。

歷史上快炙人口的友誼例證甚多，如伯牙之遇子期，管仲之遇鮑叔牙，石濤之遇八大，拜倫之遇雪萊，蕭邦之遇李斯特，都是友情深厚，傳爲千古佳話。

漫談登山哲學

一、登山有哲學嗎？答案是肯定的

最近三、四十年以來，台灣登山風氣極盛，每遇星期例假，離城市不遠的郊山，熙來攘往，人潮洶湧，歡聲遍野，樂此不疲。體力較好的人，除了登郊山外，還經常攀登大山，藉以親近大自然，陶冶身心。

台灣爲一大海島，四面環海，其中多高山，有所謂五嶽、三尖、十峻、十崇、九嶂、八十四峰。其中尤以玉山爲最高，海拔三、九九七公尺。所以台灣實是登山家的樂園，具備大衆登山的最佳環境。

人們爲什麼這樣熱衷於登山？我們如果對登山經驗作深入的思考，必定可以找出它的哲學意義。登山有哲學嗎？答案是肯定的。

依照美國華盛頓大學哲學教授李維（A. W. Levi）的哲學定義是：「哲學是對人生經驗作反省思考的活動。」哲學研究的對象是人類經驗的全部。此處所謂經驗乃指廣義的經驗，與專指感官的狹義經驗不同。登山也是人類經驗之一種，我們對登山經驗加以反省，自可產生登山哲學。

二、登山的動機

首先，我們要問：爲什麼要登山？登山的動機何在？

試想登山者背著沉重的大背包，手持冰斧，腳穿登山鞋，成群結隊地爬過斷崖，穿越原始林，攀上峭壁，一心只望登上山頂。在登山途中，夏天則烈日當空，口乾舌焦，汗流浹背，若遇風雨，路滑山崩，風狂雨驟，寸步難行。冬季則寒風刺骨，霜雪滿山，如果體力不繼，也許凍得半死。即使春秋佳日，有時大霧封山，能見度低，迷失路徑，不辨東西，偶一不愼，失足墜落千丈懸崖，那就有生命危險了。登山活動既艱苦又危險，然而登山者並不因此而退縮，反而再接再厲，繼續登了一山又一山，他們究竟爲了什麼？

登山的動機因人而異，也許有一千種。但總括而言，不外是爲了滿足我們身心上的需要。例如刻苦耐勞，鍛鍊體魄，觀賞山景，陶冶性靈，冒險犯難，發揮潛能，尋幽探勝，提昇精神，乃至於把登山當作一種職業的或休閒的生活方式等。它們或是屬於身體方面的，或是屬於精神方面的，或者兩者兼而有之，不一而足。

三、一位偉大的登山家的故事

現在且舉一個典型的西方登山家爲例，藉以說明西洋人對登山的看法。意大利職業登山家華特・波納迪(Walter Bonatti)曾經征服許多「不可能」攀登的高峰，包括喜馬拉雅山和阿爾卑斯山的高峰。有一次，他帶領一個七人探險隊攀登阿爾卑斯山的法蘭披拉(Freney Pillai)。在半途中遇到大風雪，只得在一塊突出的危岩上蜷伏了三天三夜，饑寒交迫，同伴中四人不支而死，他卻能逃過大難，並在他的鼓勵和協助下，使其餘二人獲得脫險。他曾說：「我愛山，我熱誠地與山簽下合約，我的一生都不會離開山。山是自然中最美麗的面孔，我已將生命獻給山，沒有山，我會像到了末日。」這位登山專家身高五呎七吋，體重一百四十磅，僅中等身材，貌不驚人，可是他富有應變的機智，和不可思議的耐力，最重要的，他還有堅強的意志力，故能克服各種危難。

「登山並不是和天氣作戰，也不是和重力定律搏鬥。」波納迪說，「而是和個人本身作戰。」他和他自己作戰，要戰勝自我。他又說：「我冒著生命的危險去登山，祇是想證明人類的潛能是無限的，這種品質是人類在任何方面進步的基礎。」他企圖發揮他的潛能，以證明人類能做到任何困難的工作，當他在登山途中，經歷了極端恐懼的情緒，而獲得安全登頂時，他會感到難以言喻的快樂。他認爲，恐懼與喜悅是兩種最強烈的情緒，登山者都能體會得到。「登山者是靠強烈的情緒生存的。登山者不是狂人，決不輕生，他們懂得人生的意義，他們熱愛人生。」

這就是華特・波納迪的登山哲學。（取材於拾穗一八七期「一位偉大的登山者的故事」一

文）

四、與自然界和諧相處，達到天人合一的境界

關於登山哲學的內涵，筆者擬提出左列各點加以探討。

第一、登山在求人與自然的和諧相處，達到天人合一的境界，山是大自然的傑作，也是自然的表徵。我們登山，就是與自然親近，因此，人與自然發生密切的關係。

自古以來，人與自然的關係（即天人關係），哲學家有各種不同的看法。中國人與西方人對於自然界的態度往往絕然不同。

古代希臘，在初期的神話時期，初民對於自然界的偉大現象，不能瞭解其成因，乃產生一種迷離驚怖的崇拜心理，後來天才出現，發揮理性的作用，以理智征服外物，控御自然，於是科學思想勃然興起，宇宙的啞謎因而獲得解釋。這時希臘人對於自然雖也有某種和諧關係，但那是部分與全體的配合和諧，人是處於配合的地位。迄至近代歐洲人，則進一步發展科學，大力征服自然，於是形成一種科學的唯物論，把自然當作一種對立的純粹物質來處理。

印度詩哲泰戈爾說：「西方人常以其征服自然的思想自傲，好像人們都是生活在一種敵對的世界中，在那裏，人們必須向外掠奪所需，才能生存。……由於人們長期住在城市內過生活，使他們的心靈和視界只限於個人的生活和工作，於是造成了人和孕育我們的宇宙之間的一種人爲的

隔閡。」(轉引自方東美著《生生之德》頁二五九)

已故當代大哲方東美先生亦曾經指出:「就近代歐洲人而論,在慣常的二分法之下,天與人抗衡,無有已時,天的勢力大時,便要壓制人類,使之屈辱,人的地位高時,便要征服天行,求爲人用。這種天人對敵的形勢,幾乎支配著整個近代西方思想,引起許多嚴重的後果,單就道德一層來看,這些效果已證明對人生傷害極大。」(見所著《中國人的人生觀》」頁九七)

由此可見西方人的天人關係是對立的,他們以征服自然爲榮。他們這種天人對立的思想一旦養成習慣,應用到人生經驗中,往往發生許多無謂的紛爭。他們把登山活動視爲征服自然的一環,經歷千辛萬苦登上山頂後,便感到征服此山的喜悅,前舉波納迪的實例可爲明證。

然而中國哲學中的天人關係卻不同,「對我們來說,自然是宇宙生命的流行,以其眞機充滿了萬物之謂。在觀念上,自然是無限的,不爲任何事物所拘限,也沒有什麼超自然凌駕於自然之上,它本身是無窮無盡的生機。它的眞機充滿一切,但並不和上帝的神力衝突,因爲在它之中含有神秘的創造力。人和自然也沒有任何間隔,因爲人的生命和宇宙的生命也是融爲一體的。」(見《生生之德》頁二七七)中國哲學中的宇宙觀,與現代哲學家懷德海(A. N. Whitehead)的「機體主義」頗爲相近,均認爲自然是普遍生命流行的境界,天爲大生,萬物資始,地爲廣生,萬物咸亨,在此生生不已的大德中,人的生命和宇宙生命融爲一體,我們立足於宇宙之中,與天地萬物和諧無間,萬物與我爲一,絕無敵對與矛盾存在,這就是天人合一的境界。

根據這種哲學觀點，自然與人之間的關係有如母子的親切關係。我們平日登山涉水，就如嬰兒躺在慈母懷抱中的安適，心中所感到的是親愛、溫馨與悅樂，我們對於山只有愛護與崇敬，決不會興起征服的念頭。正如高懷民教授所說的「西方人見高山思征服高山，見海洋思征服海洋，見事物之當前，恆先興起征服之念。中國人則不然，見高山大海，廣野林原之時，第一念恆興賞心娛目之感，然後以我之精神馳入物之光景中，樂享『物我一如』之趣，極少興征服之念。」（見所著《大易哲學論》頁二六七）此即由於中西哲學觀點之不同，表現在登山行為中的心態亦不相同。

五、增進身心修養，陶冶高尚人格

第二登山可以增進身心修養，陶冶高尚人格，如前所述，中國先哲的宇宙觀，既是把宇宙（自然）看作普遍生命的表現，其中物質條件與精神現象融會貫通，毫無隔絕，一切至善盡美的價值理想都可以隨生命之流行而得實現，所以充滿了道德性和藝術性，我們可以透過人生的各種努力，加以發揚光大，方先生進一步指出：「在中國哲學裏，『宇宙』代表價值的不斷增進，『人生』代表價值的不斷提高，不論宇宙或人生，同是價值創造的歷程。」（《中國人的人生觀》頁一〇四）所以中國人的宇宙觀，認為自然和人生都是價值創造的歷程，宇宙中包含無窮的善性，人類秉持此種善性，進德修業，必能形成高尚的人格。

我國古人在人格的分類上有所謂小人和君子。小人是指在理智和道德方面有問題的人，君子則指有崇高理想和道德修養的人。儒家的君子是才德兼優之人。所謂「博聞彊識而讓，敦善行而不怠，謂之君子。」（禮記、曲禮）方先生描寫君子是：「一個君子能了解天地之機，見機而作。他非禮不取，非禮不動，處事寬大，目標高遠。但他之所以有此胸襟，乃是由於他有中正的態度，音樂般的溫和，詩般的熱情，以及深睿的史識。他有這樣高度的教養，使他不至於像小人似的耽於物欲，這也就是得力於他內在的完美。在中國哲學家的眼裏，人是可以由自然人變化氣質而成就崇高的人格。」（《生生之德》頁二六五）君子是有高度修養的人，一般人只要能夠變化氣質，不斷提昇自己，都可以成爲君子。

登山對於身心的陶冶是多方面的，登山可以增進體能強健身體，這是顯而易見的。登山還可以培養許多優良的德性，例如刻苦耐勞的習慣，冒險犯難的精神，以及互助合作的團隊意識。此外，登山還可擴展恢宏的氣度及高尚的志趣。

六、山是道德的發源地

在西方的宗教上，著名的摩西十誡和耶穌的登山寶訓都是在山上發表的，山可說是宗教道德的發源地。

在舊約《出埃及記》中，記述以色列人民擺脫了埃及的奴役，離開埃及，回到了以色列的西奈沙漠，在西奈山下紮營，摩西上山去朝見上帝。上帝要他去告訴以色列人民，如果他們服從祂，守祂的約，他們就是祂的子民。並約好在後天，上帝就要降臨在西奈山上。到了第三天的早晨，上帝果然降臨，當時「雷電交加，一朵密雲在山上出現，號角聲大響，營裏的人民聽到了都發抖。摩西率領他們出帳棚來朝見上帝，他們都站在山腳下。整個西奈山被籠罩在煙霧中，因爲上主在火中降臨。這煙霧像石灰窯中的濃煙，全體人民大大震驚。這時號角的聲音越來越響。摩西講話，上帝用雷回答他，上主降臨在山頂上，摩西就上山去。」（現代中文譯本聖經頁九二）於是上帝向以色列人發言，作了寶貴的「十誡」訓示。十誡就是：一、不得奉他神。二、不得造偶像。三、不得濫用上帝之名。四、要謹守安息日。五、要孝敬父母。六、不可殺人。七、不可姦淫。八、不可偷竊。九、不可作假證陷害別人。十、不可貪圖別人的所有，後來西奈山因此而聞名於世。

登山寶訓載在新約馬太福音中：「耶穌走遍加利利全境，在各地方的會堂裏教訓人，宣講天國的福音，治好民間各樣的疾病。他的名聲傳遍了敘利亞，因此那裏居民把患各種病症，經歷各樣痛苦的人，好像被邪靈附身的、癲癇的、癱瘓的，都帶到他跟前來，他就一一治好了他們，成群的人從加利利、十邑、耶路撒冷、猶太，和約旦河對岸一起帶來跟隨他。」耶穌看見一大群人，就上山，坐下；他的門徒都聚集在他左右，他就開始教訓他們：「虛心的人有福了，因爲天國是他們的；哀慟的人有福了，因爲他們必得安慰；溫柔的人有福了，因爲他們必承受地土；飢渴慕義的人有福了，因爲他們必得飽足；憐恤人的人有福了，因爲他們必蒙憐恤；清心的人有福了，因爲他們必得見神；使人和睦的人有福了，因爲他們必稱爲神的兒子；爲義受逼迫的人有福了，因爲天國是他們的。」隨後還說了許多其他的教訓，包括天國子民的品性、責任、權利、和命運。這就是著名的耶穌登山寶訓產生的經過。

在我國古代帝王登基之後，爲報天地之恩，每喜舉行「封禪」大典。地點都在泰山，山頂設有封禪臺，皇帝率領文武百官，浩浩蕩蕩，登上泰山，設壇祭祀天地，史官大書特書，舉國上下目爲一大盛事。

孔子亦喜登泰山，孟子盡心篇云：「孔子登東山而小魯，登太山而小天下。」其中「東山」乃魯國之東的高山，「太山」即泰山。意即孔子登上魯國東邊的東山頂上，看到魯國就覺得小了，登上泰山頂上，看那天下就覺得小了。孟子此語用以譬喻學無止境，愈向高深處用功夫，愈感覺到自己學問之淺薄。

孟子中還有舜居深山一段，此與山居者之修養有關。孟子說：「舜之居深山之中，與木石居，與鹿豕遊，其所以異於深山之野人者，幾希。及其聞一善言，見一善行，若決江河，沛然莫之能禦也。」（盡心篇）用現代的話來說：舜住在深山裏面，和木石同住，和鹿豕同遊，這跟深山裏的野人差不了多少。他聽得一句好話，看到一件好事，立刻便去做，好像江河的水決了似的，浩浩蕩蕩地流出，誰也阻擋不住它。可見高人雅士深居山中，平日修養有素，聞有善言善行，莫不虛心求教，這不是山林陶冶之功嗎？

七、培養藝術的情操

第三、登山可以培養藝術的情操，如前所述，中國人眼中的宇宙（自然）充滿了道德性和藝術性。大自然的壯麗山河，富有靈秀之氣，對於藝術家的陶冶之功特大。中國的藝術家，尤其是詩人和畫家，大多與山水結下不解之緣。

爲什麼畫家都愛山水，宋代大畫家郭熙在所著「林泉高致」中云：「君子之所以愛夫山水者，其旨安在？丘園養素，所常處也；泉石嘯傲，所常樂也；漁樵隱逸，所常適也；猿鶴飛鳴，所常親也；塵囂韁鎖，此人情所常厭也；煙霞仙聖，此人情所常願而不得見也。」換言之，君子之愛山水，目的在於增進生活情趣提昇精神修養。然而佳山勝水不能時時登臨，不得已求其次，把山水畫成尺幅，朝夕觀賞，亦可怡情，故郭熙云：「然則林泉之志，煙霞之侶，夢寐在焉，耳目斷絕。今得妙手鬱然出之，不下臺筵，坐窮泉壑，猿聲鳥啼，依約在耳，山光水色，滉漾奪目，此豈不快人意，實獲我心哉。此世之所以貴夫畫山之本意也。」依照國畫的傳統畫法，在千嶂疊翠，萬巒競秀中，總要畫一二個人物點綴其間，表示高人雅士，愛山敬山，與山融爲一體。國畫的最高境界是「氣韻生動」，就是要能把畫家的生命精神與自然的生命精神相融會，表現爲天眞傳神，生機盎然。而獲致最高境界的途徑則是「外師造化，中得心源」，以自然爲師，以心靈爲源，天人合一，然後才能做到李白所說的「攬彼造化力，持我爲神通。」

在詩詞方面，由於山水給予詩人的靈感甚多，故歷來有關山水的詩詞美不勝收，略舉名句，即可窺一斑：例如陶淵明的「採菊東籬下，悠然見南山；山氣日夕佳，飛鳥相與還。」王維的「空山不見人，但聞人語響；返景入深林，復照青苔上。」韋應物的「懷君屬秋夜，散步詠涼天；空山松子落，幽人應未眠。」李白的「衆鳥高飛盡，孤雲獨去閒；相看兩不厭，只有敬亭山。」柳宗元的「千山鳥飛絕，萬徑人蹤滅；孤舟簑笠翁，獨釣寒江雪。」杜甫的「岱宗夫如何，齊魯青未了。造化鍾神秀，陰陽割昏曉。盪胸生層雲，決眥入歸鳥，會當凌絕頂，一覽衆山小。」王之渙的「白日依山盡，黃河入海流；欲窮千里目，更上一層樓。」蘇東坡的「横看成嶺側成峰，遠近高低各不同；不識廬山眞面目，只緣身在此山中。」陸游的「名山如高人，豈可久不見？」王陽明的「山近月遠覺月小，便道此山大於月；若人有眼大如天，當見山高月更闊。」秦觀的「山抹微雲，天黏衰草。」范仲淹的「山映斜陽天接水，芳草無情，更在斜陽外。」或寫山景，或寫山居，或書懷，或感事，山以人傳，人亦以山傳。

明代的徐霞客，是一個文學家兼探險家。他一生最大的志趣，便是遊遍天下的名山大川，尋幽探勝，並將旅遊所見詳爲記載，成爲著名的「徐霞客遊記」。

八、登山的正確心態

綜上所述，登山雖屬小道，然而它的哲學內涵卻甚豐富，正如莊子所言：東郭子問於莊子曰：「所謂道，惡乎在？」莊子曰：「無所不在。」近年來國人登山風氣極盛，登山活動已成爲許多人生活經驗的一環，故講究登山哲學，藉以瞭解登山的哲學意義，從而把登山導向於正確的心態，實有必要。

山是自然的表徵，我們登山就是與自然發生天人關係，依照中國哲學的看法，此種天人關係是和諧無間的，人與自然融爲一體。因此，我們登山時應懷著朝聖般的心情，愛山敬山，與山融洽相處，決不可視山爲敵對的存在，懷有征服的意圖。在登山的過程中，還要發揮價值創造的功能，陶冶我們的身心，培養高尚的人格和藝術的情操，使我們的精神能夠不斷地向上提昇。這樣的登山才是有意義的活動，這樣的登山者才是孔子所說的「仁者」。

登山的故事

一、泰山封禪

台灣的高山有五嶽、三尖、十峻、十崇、九嶂、八十四峰等名，其中以玉山爲魁首，標高三、九九七公尺。我國大陸上的高山更多更高，青海、西康、西藏及西南邊境的高山，多在七千公尺以上，但那些高山都位居偏僻之區，很少有人登臨，反而不如五嶽的著名。大陸的五嶽即：東嶽泰山，一、五四五公尺；南嶽衡山，一、二六六公尺；西嶽華山，二、二〇〇公尺；北嶽恆山，二、二一九公尺；及中嶽嵩山，二、〇〇〇公尺（依據中華民國地圖集標示的高度），均遠比台灣的五嶽爲低。

我國大陸中的泰山，並非五嶽中最高，卻居五嶽之首，在歷史上最爲出名。原來泰山屬陰山系，起於山東省膠州灣西南，西行橫亙省之中部，盡於運河東岸，稱泰山山脈。主峰在泰安縣北，世爲五嶽中的東嶽，亦稱泰岱、岱嶽、岱宗、岱山。群峰羅列，以丈人峰爲最高，有東、西、南三天門，及東、西、中三溪，風景秀麗，爲泰山之最佳處。其餘峰巒溪洞，不可勝數，著名的有明月嶂、登仙臺、神霄山及孤山、鶴山、粢父山等。

古代帝王登基之後，爲報天地之功，每喜舉行「封禪」大典。泰山上設有封禪臺，皇帝率領文武百官，浩浩蕩蕩，登上泰山，設壇祭祀天地。史官大書特書，舉國上下目爲一大盛事。所謂「封禪」，據史記封禪書注云：「泰山上築土爲壇以祭天，報天之功，故曰封；泰山下小山上，除地報地之功，故曰禪。」司馬遷著的史記，內有封禪書一篇，謂古之受命帝王，未嘗不封禪，且引管仲答齊桓公之語，以爲古封禪七十家，自無懷氏至三代皆有之。但古代帝王封禪大典爲什麼都在泰山上舉行呢？大約由於泰山距離京城較近，交通較便，容易登臨。舉行封禪大典時，在泰山的頂峰設壇祭天，期能接近神靈，以報天之功；又在泰山下的小山粱父山上，設壇祭地，以報地之功。在祭祀後，文人學士多有記載，且形成一種文體。秦朝的李斯，漢代的司馬相如所作封禪文最爲有名。南齊劉勰所著「文心雕龍」封禪篇有云：

「昔皇帝神靈，克膺鴻瑞，勒功喬岳，鑄鼎荆山，大舜巡岳，顯乎虞典，成康封禪，聞之樂緯，及齊桓之霸，爰窺王跡，夷吾譎陳，距以怪物，固知玉牒金鏤專在帝皇也。然則西鶼東鰈，南茅北黍，空談非徵勳德而已。是史遷八書，明述封禪者，固禋祀之殊體，名號之秘祝，祀天之壯觀矣。秦始皇銘岱文，自李斯法辭氣，體乏弘潤，然疏而能壯，亦彼時之絕采也。鋪觀兩漢隆盛，孝武禪號於肅然，光武巡封於梁父，誄德勳，仍鴻筆耳，觀相如封禪，蔚爲唱首爾，其表權輿，序皇王，炳元符，鏡鴻業，驅前古於當今之下，騰休明於列聖之上，歌之以禎瑞，讚之以介丘，絕筆茲文，固維新之作也。」劉勰這一段妙文，不但將封禪的由來說得很清楚，而且暢論歷來封禪文的得失。他最推崇的是司馬相如的傑作。

二、仁者樂山

孔子說：「知者樂水，仁者樂山。知者動，仁者靜，知者樂，仁者壽。」（論語雍也篇）孔子這幾句話說得很簡明，它的意思是：「有智慧的人，他的性情比較愛好水；有仁德的人，他的性情比較愛好山，有智慧的人，他的特徵比較活動；有仁德的人，他的特徵比較沉靜。有智慧的人，常常快樂；有仁德的人，往往多壽。」（依王熙元編著「論語通釋」譯文）但是知者何以樂水，仁者何以樂山，孔子並未說明理由。朱子集註說：「知者達於事理，而周流無滯，有似於水，故樂水；仁者安於義理，而厚重不遷，有似於山，故樂山。」大體上說得通，陳立夫則云：「上述比較，不過各就其仁者與智者之長處與偏處言之，並非仁智之全體大用。智者通達無礙，故似水之動，不惑故能常樂。仁者厚重不遷，故似山之靜，不憂故能長壽，但大智大仁德全行備之人，亦動亦靜，既樂且壽。」（見「四書道貫」頁一五一）這樣解釋自較圓融。揆孔子之意，當指有智慧有德行的人，必定會時時欣賞山水，接近自然，以開闊胸襟，陶冶性情。

三、舜居深山

四書中還有舜居深山一條，與山居者之修養有關。孟子說：「舜之居深山之中，與木石居，與鹿豕遊，其所以異於深山之野人者，幾希。及其聞一善言，見一善行，若決江河，沛然莫之能禦也。」（孟子盡心篇）用現代的話來說：舜住在深山裏面，和木石同住，和鹿豕同遊，這跟深山裏的野人差不了多少。他聽得一句好話，看到一件好事，立刻便去做，好像江河的水決了似的。浩浩蕩蕩地流出，誰也阻擋不住它。可見高人雅士深居山中，平日修養有素，聞有善言善行，莫不虛心求教。

四、西奈山上的摩西十誡

在舊約「出埃及記」中，記述以色列人民擺脫了埃及的奴役，離開埃及，回到了以色列的西奈沙漠，在西奈山下紮營，摩西上山去朝見上帝。上帝要他去告訴以色列人民，如果他們服從祂，守祂的約，他們就是祂的子民。並要他們在今天和明天潔淨自己，洗滌衣服，也不可親近女人。約好在後天，上帝就要降臨在西奈山，讓所有的以色列人都能夠看見祂。

到了第三天的早晨，上帝果然降臨，當時「雷電交加，一朵密雲在山上出現，號角聲大響。

營裏的人民聽到了都發抖。摩西率領他們出帳棚來朝見上帝。他們都站在山腳下。整個西奈山被籠罩在煙霧中，因爲上主在火中降臨。這煙霧像石灰窯中的濃煙，全體人民大大震驚，這時號角的聲音越來越響。摩西講話，上帝用雷回答他。上主降臨在山頂上，摩西就上山去。」

於是上帝向以色列人發言，作了寶貴的「十誡」訓示。就是：一、不得奉他神。二、不得造偶像。三、不得濫用上帝之名。四、要謹守安息日。五、要孝敬父母。六、不可殺人。七、不可姦淫。八、不可偷竊。九、不可作假證陷害別人。十、不可貪圖別人的所有。

按西奈半島原被埃及佔領，以色列於一九六七年奪回位於以色列之西南方，與埃及接壤，四週爲西奈沙漠，中爲高地，西北部有花岡岩的高山，最高的山海拔八、七五〇英尺（二、六六六公尺）大部分尚未開發，甚爲荒涼。西奈山因「摩西十誡」，而聞名於世。

五、耶穌的登山寶訓

「新約」馬太福音記載：「耶穌走遍加利利全境，在各地方的會堂裏教訓人，宣講天國的福音，治好民間各樣的疾病。他的名聲傳遍了敘利亞，因此那裏居民把患各種病症、經歷各樣痛苦的人：好像被邪靈附身的、癲癎的、癱瘓的，都帶到他跟前來，他就一一治好了他們。成群的人從加利利、十邑、耶路撒冷、猶太，和約旦河對岸一起帶來跟隨他。」

耶穌看見一大群人，就上山，坐下；他的門徒都聚集在他左右，他就開始教訓他們：「虛心的人有福了，因爲天國是他們的。哀慟的人有福了，因爲他們必得安慰。溫柔的人有福了，因爲他們必承受地土。飢渴慕義的人有福了，因爲他們必得飽足。憐恤人的人有福了，因爲他們必蒙憐恤。清心的人有福了，因爲他們必得見神。使人和睦的人有福了，因爲他們必稱爲神的兒子。爲義受逼迫的人有福了，因爲天國是他們的。」隨後還說了許多其他的教訓，包括天國子民的品性、責任、權利，和命運。這就是著名的耶穌「登山寶訓」。

六、孔子登泰山

關於泰山的故事，除了古代帝王登泰山封禪之外，就要數孔子登泰山最著名了。此事孟子曾經談到，並用以譬如學無止境，愈向高深處用功夫，愈感覺到自己學問之淺薄。孟子說：「孔子登東山而小魯，登太山而小天下。」（孟子盡心篇）其中「東山」乃魯國之東的高山，「太山」即泰山。意即孔子登上魯國東境的東山頂上，看到魯國就覺得小了，登上泰山頂上，看那天下就覺得小了。

的確，用登山來譬如人的修養功夫是最恰當的了。一代大哲方東美先生最喜歡引用孔子登泰山的故事，來說明精神修養上向上提昇的重要。他在談到我們處理實際問題時，其精神必須能夠超脫：

「就好像我們在登山的時候，最初起步時總是平原，再好一點是走到山半腰中間，假如我們就停滯在那個地方，那我們所能看到的也只是接近地面的一點景象；但等登到山峰上面時，我們就可以引用戴季陶先生的一句話——他說：「獨立山頭我為峰。」他不僅要登到山峰上面，還要在最高的高峰上突出。孔子也說過：「登東山而小魯，登泰山而小天下。」在這種情形下，他才可以對他所要把握的境界一層高似一層；等到了最高的境界上面，然後他對各種境界的情景才看得清楚。在看清楚之後，他所接觸的問題才不會僅僅沾滯在一種境界、一個平面、一種層次，他更可閱歷各種層次，對各種意境都突破了，再來看這個問題，前面的各種形勢都可以看得清楚。」

這是指處理實際問題的時候，要能從高處看清下面各種境界，各個層面，才不會沾滯，偏處一隅，甚至坐井觀天。方東美先生又在談到中國文化時說：

「孔子登東山而小魯，登泰山而小天下。的確，當我們進入一個更高的境界時，便發現原有的世界是如此的狹小。美國人也常以這段話來表示心境的層次不同。我有一位美國學生曾告訴我：美國人在完成了西部拓荒運動之後，便自覺他們所處的世界非常狹小，於是就轉而要征服太空，希望填補他們現有的不足。」

想不到美國學人也常常引用孔子登泰山而小天下的故事，眞是「放之四海而皆準」了。

七、欲窮千里目，更上一層樓

我們如要擴大視野，登上山頂固然最好，但若在平原無山可登時，則可登上高樓，亦可達到目的。唐代詩人王之渙的「登鸛雀樓」云：

白日依山盡，黃河入海流；
欲窮千里目，更上一層樓。

這是一首登樓遠眺的詩，作者所見到的是日落西山，莽莽黃河不停奔流的景象，啓迪了心靈的感悟。第一句寫山的高，第二句寫河的壯，三四句寫所站地方雖已相當高，但如欲看得更遠，卻須更上一層樓，最好上到最高一層樓。後兩句往往引申說明欲追求理想的人生，就得不斷的往上提昇。

八、不識廬山真面目，只緣身在此山中

登高可以望遠，尤其登上山頂，望得更遠。我記得有一幅對聯云：「一燈青到海，四顧我為峰。」意即登上山頂，以我為峰，那就可以一覽衆山小了。要是登山未登絕頂，僅登山腰，視野有限，不能看得很遠，甚至連要登的本山是什麼景象都看不清楚，正如蘇東坡題西林壁詩云：

橫看成嶺側成峰，遠近高低各不同；
不識廬山真面目，只緣身在此山中。

江西的廬山為避暑勝地，標高一千五百公尺，蘇東坡也許只登至山腰，視野不廣，從橫的方

向看去，廬山是平矮的山嶺，從側面看去，卻是高聳的山峰，看來看去，或遠或近，或高或低，所看到的風景，總是各不相同，只因爲身在此山中，無法看出整個廬山的眞面目。第一、二句可用來比喻一個人或一件事的多面性，第三、四句常用來比喻身處其境的人必然「當局者迷」的情景。

九、玉山上的于右老銅像

台灣與大陸僅一水之隔，在萬里無雲的晴天，登高山之巔，西望大陸，若隱若現，令人興起無窮的鄉愁。記得黨國元老于右任先生於民國五十三年八十六歲逝世之前，曾作歌一首，以當遺囑。茲錄如左：

葬我於高山之上兮，
望我大陸。
大陸不可見兮，
只有痛哭！
葬我於高山之上兮，
望我故鄉。

永不能忘！
天蒼蒼，
野茫茫，
山之上，
有國殤！

于先生一片思鄉愛國之情，躍然紙上。爲達成于先生的生前願望，經在玉山最高峰建有于先生的銅像，銅像高三公尺，玉山原高三、九九七公尺，合計恰爲四千公尺。登山者每登玉山看到于先生銅像凝視大陸，無不油然而生愛國之心。

十、詩人眼中的山水

每當我們投身於大自然的懷抱中，看到山清水秀，風光旖旎，無不感到心曠神怡，樂而忘返，故歷來詩人畫家，莫不喜好遊山玩水，並將其感受，寫入詩畫，後人讀之，發生共鳴。下面所選詩詞數首，都與山有關，也許可供山友共賞。

晉朝高士陶淵明，晚年歸隱田園，以詩酒爲伴，閒適自然，後世所羨。所作飲酒詩，快炙人口，其中警句「採菊東籬下，悠然見南山」，意境深遠，令人神往。全詩如下：

結廬在人境，而無車馬喧；
問君何能爾，心遠地自偏。
山氣日夕佳，飛鳥相與還。
此中有真意，欲辯已忘言。

唐代天才大詩人李白，忘情山水，詩酒留連。尤喜看山，百看不厭。有一次獨自一個人遊敬亭山，累了坐下休息，此時天氣晴朗，衆鳥都高飛出外覓食，只有浮雲一片飄來飄去。他乃面對敬亭山，愈看愈有趣，彷彿敬亭山也在看他，而且兩相對看，永遠也不會覺得厭煩。詩云：

衆鳥高飛盡，孤雲獨去閒；
相看兩不厭，只有敬亭山。

與李白有同好的，還有宋朝詞人辛棄疾。他也喜歡看山，並把山擬人化，非常清新脫俗。他的警句云：「我見青山多嫵媚，料青山見我應如是。」詞名賀新郎，全詞如下：

甚矣吾衰矣！悵平生，交游零落，祇今餘幾！白髮空垂三千丈，一笑人間萬事，問何物能令公喜？我見青山多嫵媚，料青山見我應如是。情與貌，略相似。　一尊搔首東窗裏，想淵明停雲詩就，此時風味。江左沈酣求名者，豈識濁醪妙理？回首叫，雲飛風起。不恨古人吾不見，恨古人不見吾狂耳！知我者，二三子。

愛山者若能山居一段時間，必更能領略山中的幽靜。下面兩首詩，便是描寫山居的情景。

空山不見人，但聞人語響；
返景入深林，復照青苔上。
——唐、王維、鹿柴

懷君屬秋夜，散步詠涼天；
空山松子落，幽人應未眠。
——唐、韋應物、秋夜寄邱員外

宋代愛國詩人陸游，也是愛山者，他把名山比喻爲高士，必須時常拜訪。他的「夜坐憶剡谿」詩云：

早睡苦夜長，晚睡意復倦；
歛膝傍殘燈，拭背展書卷。
時時搔短髮，稍稍磨凍研，
更闌月入戶，皎若舒白練。
便思泛樵風，次第入剡縣；
名山如高人，豈可久不見？

十一、畫家眼中的山水

至於我國歷代畫家對山水之觀察與鑑賞自比常人更爲深入。國畫中以山水爲主，畫家傳下之山水畫訣特多，可增進吾人對於山水之認識與欣賞。例如宋代大畫家郭熙所著「林泉高致」，其中談到君子愛山水之原因云：「君子之所以愛夫山水者，其旨安在？丘園養素，所常處也；泉石嘯傲，所常樂也；漁樵隱逸，所常適也；猿鶴飛鳴，所常親也，塵囂韁鎖，此人情所常厭也；煙霞仙聖，此人情所常願而不得見也。」要而言之，君子之愛山水，目的在於增進生活情趣，提昇精神修養。

然而佳山勝水不能時時登臨，不得已求其次，把山水畫成尺幅，懸之壁上，朝夕觀賞，亦可怡情。故郭熙云：「然則林泉之志，煙霞之侶，夢寐在焉，耳目斷絕。今得妙手鬱然出之，不下堂筵，坐窮泉壑，猿聲鳥啼，依約在耳；山光水色，滉漾奪目，此豈不快人意，實獲我心哉。此世之所以貴夫畫山之本意也。」

由畫訣中可以增進吾人對山之認識。例如「山有四時之色：春山艷冶而如笑，夏山蒼翠而如滴，秋山明淨而如洗，冬山慘淡而如睡，此四時之氣象也。」（宋韓拙撰「山水純全集」）又論山之三遠法云：「山有三遠，自下而仰其巔曰高遠，自前而窺其後曰深遠，自近而望及遠曰平遠。高遠之勢突兀，深遠之意重疊，平遠之致沖融。深而不遠則淺，平而不遠則近，高而不遠則下。……然遠欲其高，當以泉高之，雁蕩千尋，匡廬三疊，非高遠而何？遠欲其深，當以雲深之，玉女青迷，明星翠鎖，非深遠而何？遠欲其平，當以煙平之，岡明華子，谷冷愚公，非平遠而何？」（清王概「芥子園畫傳」）畫家可以造景，故畫中之山也許勝於自然之山。

各種山之稱謂亦可由畫訣中得知：「高銳曰峰，高小曰岑，高陰曰巖，低圓曰巒，峭直曰壁，遏阻曰崖，列屏曰嶂，有坡曰嶺，出脊曰岡，夾水曰峽，有穴曰岫，深通曰洞，湍激石曰磯，在水曰島。卑於此者，原隰陂隴，阜磧丘墟，概難枚舉，大抵皆夷險異形，土石殊質。畫家形質不辨，品類莫標，概名曰山，固無不可。」（湯貽汾撰「畫筌析覽」）

十二、徐霞客雁寄山探勝

我國明代的徐霞客，是一個旅行家兼探險家。他一生最大的興趣，便是遍遊天下的名山大川，尋幽探勝，並將旅遊經過及心得，記入日記，成爲著名的「徐霞客遊記」。現在選錄一段登雁宕山記，以資共賞：

「天忽晴朗，乃請人爲導。於是余與二僕，各捉一杖，躋攀深草中，一步一喘，數里始歷高巔，四望白雲，迷漫一色，平鋪峰下，諸峰朵朵，僅露一頂。導者告退，指湖在四腋一峰，尚須越三尖。余與二僕，東越二嶺，人跡絕矣。已而山愈高，脊愈狹，兩邊夾立，如行刀背。又石片稜稜怒起，每過一脊，即一峭峰，皆從刀劍隙中攀緣而上，如是者三；但見境不容足，安能容湖？既而高峰盡處，一石如劈，向懼石峰撩人，至是且無峰置足矣。躊躇崖上，不敢復向故道。俯瞰南面，石壁下有一級，遂脫僕足布四條，懸崖垂空，先下一僕，余次從之，意可得攀援之路。及下，僅容足，無餘地。望岩下斗深百丈，欲謀復上，而上岩亦嵌空三丈餘，不能飛陟。持步上試，布為突石所勒，忽中斷，復續懸之，竭力騰挽，得復登上岩。出險還雲靜庵，日已漸西，主僕衣履俱敝，尋湖之興衰矣。」

按雁宕山在浙江省，有南雁、北雁、中雁之分，綿延數百里。北雁宕山的絕頂有湖，名雁湖，方十餘里，水常不涸，春歸之雁每留宿湖旁，故名雁宕山。徐霞客此行遊雁宕山，目的地為雁湖，他是在明朝萬曆四十一年（公元一六一三年）四月十一日開始為期五天的登山行程。上面所錄登山日記一段，就是記載主僕三人攀登懸崖絕壁，企圖登上雁宕絕頂，尋找雁湖的驚險歷程。

開始出發後，他們一主二僕一嚮導共四人，各持手杖，由沒入深草中的小徑上山，一步一喘，走了數里，才登上一高山之頂，此時嚮導因事先回，僅餘主僕三人，他們在人跡罕至的深山中，繼續向前攀登，既無嚮導，又乏登山裝備，甚至用足布代替繩索，上下絕壁，歷盡艱險，迄未找到雁湖，只得敗興而返。

根據「徐霞客遊記」所載，這是徐霞客在二十七歲的時候，初次攀登雁宕山，因未尋得雁湖，念念不忘，乃於二十年後，重臨故地，再度登上雁宕山，終於尋到了雁湖，飽覽湖光山色，得償宿願，留下了這段佳話。

山區居民的長壽之道

本年七月三十日中視六十分鐘節目，播出「如何活到一百歲」的特寫紀錄片。內容是蘇聯境內高加索山麓的歐卡西亞地方，許多人都長壽，活到百歲以上的人極多。其中有一位老婦人，名叫卡芙·拉蘇利亞，今年一百三十五歲，耳聰目明，健康有如常人，人們爲她舉行生日宴會，她不但對訪問記者談笑自若，而且大跳土風舞，輕鬆活潑，令人艷羨。

鏡頭轉向其他高齡老人，有一位男士，九十八歲，正在生龍活虎般地劈柴，暗紅的臉色，強韌的肌肉，高大的身材，彷彿電影上的泰山。又有一位一百一十多歲的高齡男士，正牽著他八歲的孫子，走過崎嶇的山路，來到一條清澈見底的小溪前，溪中卵石激起無數的浪花，發出清脆的水聲。此時正當夕陽殘照，雲霞滿天，老人脫去上衣，緩步走到溪中，坐下，由他的孫子向他背上澆水，祖孫嘻笑之聲隱隱可聞，過了不久，老人索性躺在溪中，享受大自然的恩賜。

目前歐卡西亞村已成爲一處觀光勝地，觀光客可以參觀這個長壽村民的日常生活和生活環境。地方當局爲吸引遊客，曾經組成一個百齡老人樂隊，隊員都是百歲以上，共有二十個人，給予優厚的待遇，住在招待所，飲食豐富，不必勞動，生活十分清閒。可是由於生活環境與習慣的改變，不久之後，他們一個個都不幸先後去世。

長壽老人身體強健，白頭偕老的夫婦比比皆是，眞是俗語說的「百年好合」。有的百齡老翁，不幸老伴去世，還要娶年輕女子續絃，照樣能生兒育女。不過妙齡女子大多不願嫁給老翁，以致年老的鰥夫只好度著寂寞的歲月。

分析他們長壽的原因，主要的有四方面：

第一、歐卡西亞村屬於高原地區，氣候良好，空氣乾燥清新，環境寧靜，山光水色秀麗異常，有如世外桃源。

研究長壽的人，多數相信遺傳因素對長壽極爲重要。該記者訪問過的百歲老人，幾乎至少有一個百歲以上的父母或兄弟姊妹。迄今所知，長壽是沒有遺傳因子，只是沒有不良的遺傳因子──那些能致命疾病的遺傳因子罷了。高加索區的居民並非是純種的遺傳血統，他們的祖先來自不同的民族，但大多數老人的父母都是享高壽的人。期望對長壽也許有影響，我們如果問歐卡西亞村的年輕人希望活到多少歲，他們通常回答：「一百歲。」他們說這話時，心裏指望過的是最滿足最積極的生活。該記者問過幾個年老的高加索人，認爲一個人要到什麼時候才不算年輕，一百十七歲的查理安說：「年輕通常要到八十歲，那時我還年輕。」

畢薩哈納里教授曾研究結婚和長壽的關係，他研究過一萬五千位八十歲以上的老人，發覺唯有已婚的人能夠長壽，極少例外，許多老夫老妻已結婚了七八十年或甚至一百年。他得到的結論是：結婚和長期的性生活，對長壽十分重要。

又有子女的女人壽命較長，畢薩哈納里教授研究的百齡老婦中，婚後無子女的佔百分之二點五，有二三個子女的佔百分之二十三，有四個至六個子女的佔百分之四十四，有七個至九個的佔百分之十九，有十個至十五個的佔百分之五，更有幾位的子女在二十個以上！

有一個百齡老人三年前曾第七次結婚，他說：「我以前六個太太都好得很，但現在這位卻秉性暴躁，結婚以來，我覺得至少老了十歲。一個男人如果娶了很賢慧溫順的太太，可以很容易活到一百歲。」他的話可以證明幸福婚姻對長壽的重要性。

許多百齡老人都強調生活要毫無拘束，想幹什麼就幹什麼，心境恬淡，無憂無慮。一百零九歲的老婦人卡維仙尼亞說：「今日各地的人，活得沒有我們這麼久，因爲他們過的不是隨心所欲的生活，他們的煩惱多，也不能做自己想做的事。」

這個山區居民的生活有一個特點：老人享有崇高的社會地位，記者看見的每一個老人，都與家人住在一起，往往是大家庭，他身爲尊長，享有特權，老人的智慧和經驗都受到尊重，他們也覺得自己是有用的人。每天都勤勞地操作，例如耕田、飼畜、牧羊、採茶、洗衣、管家、看孩子等，每天都勤勉地工作，從不間斷。他們沒有規定強迫退休年齡，老人仍要工作。不過工作的份量可視體力而不同，而在工作的時候都有愉快的心情，這就是他們長壽的秘密吧。

其次，食物方面，簡單而平衡，有一部份是自然食物，不必加工製造。他們每天攝取的營養僅一千八百卡路里。他們的飲食習慣喜飲葡萄酒和伏特加酒，不吃剩菜。

第三、勤勞，每天都要工作，上山下田，劈柴打水，體力勞動從不間斷。

最後，家庭生活美好，父慈子孝，老少融洽，子孫決不會把他們的長輩送去老人院，精神上沒有憂愁煩惱。

另據五年前「國家地理」雜誌專文報導，作者是一位醫生，曾經診療過許多老年人的疾病，對於怎樣才能老當益壯安享遐齡，深感興趣，曾經訪問過三處遠離塵囂的山區，得知當地居民比大多數現代社會的人長壽得多。那三處山區是：厄瓜多爾安第斯山麓的維加班巴村、巴基斯坦所轄克什米爾境內喀拉崑山麓的漢沙(Hunza)區，和蘇俄南部高加索山麓的歐卡西亞村。該文所報導的主要是歐卡西亞村。

根據報導：百歲以上老人，以高加索最多，依一九七〇年的人口統計，區內百齡老人約有五百人至五千人。其中一千八百四十四人是喬治亞省的人民，當地人口每十萬人中即有三十九位百齡老人；二千五百人是阿塞拜然省的人民，當地人口每十萬人便有六十三位百齡老人。

這些山區居民為什麼能夠長壽？據該文作者研究結果：飲食習慣：低動物脂肪、低膽固醇和低卡路里的飲食有益於健康使人長壽。據畢薩哈納里教授和同僚在高加索研究一千位八十歲以上的老人（內有百齡老人逾百人）的飲食習慣，他們每天的飲食為一千七百至一千九百卡路里，其中脂肪僅四十克到六十克。他們沒有一個是過胖的，也沒有營養不足的現象，而他們的膽固醇平均不及五六十歲美國人的常量之半。體力活動：他們都做傳統的耕作和料理家務，山區的地形使通常的耕作更為吃力，每天爬山越嶺，把他們的心臟、血管和肌肉鍛鍊得十分堅強。根據專家對於老人病的研究結果顯示，運動是長壽的一個主因，而山區居民遠比城市裏的人經得起心臟病的襲擊，他們經常的體力活動增強了心臟的機能，使心肌吸收氧氣的能力比城市居民強得多。

該作者訪問歐卡西亞村時，聽說當地有位一百多歲的老人，夏天照常在海拔一千五百公尺到一千八百公尺高原草地上牧羊，他便決定到高原去訪問那老人，到高原要走六小時的山路，而山勢陡峭，崎嶇難行，好不容易才到達目的地，訪問到叫科斯達・卡昔的老人，這位自稱一百零六歲的老人，每天都要走同一路徑來此牧羊，而走路的速度要比尋常人快一半。

（一九八二、十、十）

你還能活幾年

一、人生幾何，據說古人有活千歲以上者

凡人有生皆有死，這是一個鐵則。自古皆然，將來也不會改變。生爲人之所喜，死爲人之所惡，螻蟻尚且貪生，何況是人呢？

問題是：人的壽命到底活得多長？影響壽命的因素有哪些？用人爲的方法，最多可延長壽命若干？能否自知？

以個別人而言，古人的年齡似乎遠比現代人爲長。據說廣成子活了一千二百歲，仍未見衰老；黃帝即位後，曾兩度前往拜訪，請教長壽之道。廣成子告訴黃帝：人要能夠達於「至道」，乃可以長生。所謂「至道」就是「無視無聽，抱神以靜。」、「無勞汝形，無搖汝精。」、「慎守汝身，物將自壯。」原文見莊子在宥篇。按莊子一書大多用寓言來比喻，不一定是事實。

古人長命百歲的也許不少，但大多數人是「人生七十古來稀」。根據專家估計：我國二千六百年前的周代，平均年齡十八歲；一千八百年前的漢代，平均年齡二十二歲；到了十八世紀的乾隆時代，增爲二十八歲；第二次世界大戰結束時期，提高爲四十二歲。

以台灣而論，在安和樂利的環境中，四十年來平均壽命不斷增高。根據統計資料，各年的平均年齡如下：民國四十年男五三・一〇歲，女五七・三二歲；民國五十年男六二・二六歲，女六七・七二歲；民國六十年男六六・四三歲，女七一・四五歲，到了民國七十年，男性已超過七十歲，女性七十五歲以上。現在的平均年齡已達七十八歲。

由上可知，隨著文明的進步，人類的壽命可以延長，延長愈多，活得愈久。至於延長的上限，現在尚無法預料。有人主張一百二十歲，有人主張一百五十歲，更有的人主張二百歲以上。

二、影響壽命的因素

影響人類壽命的因素極多，大別之可分爲環境的影響和自身的老化兩大類。環境的因素最爲重要的是醫藥和衛生。現代醫藥的進步極速，許多疾病從前視爲絕症的，現在都可治好，例如肺結核和各種傳染病，都大大地減少，不致危害生命。但衛生方面，有的不僅無進步，反而退步，例如空氣、水的污染、生態環境的破壞等，已至驚人的程度。

至於人類自身的老化爲生物必經的過程，無法避免，但可用人爲的方法使它延緩。例如改善營養、控制癌症及減少循環系統的疾病等。既無疾病而又注重營養、運動，再加上精神方面的修養，無疑的，老化的速度將會緩慢，壽命便可延長了。

三、自己算命的方法

人們最關心的是自己，到底自己的壽命尚有多長，能活到幾歲？現在介紹一種自己計算壽命的方法，依據各人的生活環境、習慣、父母、祖父母的壽年、家人疾病狀況、教育程度、職業、運動、睡眠、情緒、嗜好及目前身體狀況等，逐項加減總分後，即可算出今後尚可活幾年。

例如，我國現有的國民平均年齡七十八歲，先寫在紙上，然後依照下列A、B兩類細目自我問答，逐項加減，所得結果再依照C項標準加以調整，即可知道可活幾年。（此法參見「時代週刊，轉引自張忠桓著「宇宙探秘論壽命」。）

A、個人及家庭情況：

性別：若是男性加三年，女性加四年。

居住：住在人煙稠密大市區減二年，鄉村加二年。

家族：祖父母之一超過八十五歲加二年。

內外祖父母四人都超過八十歲，加六年。

父母之一在五十歲中風或心臟病死減四年。

雙親及兄弟姊妹之一在五十歲前或自幼時患有癌症、心臟不正常、糖尿病者減三年。

收入：寬裕富足減二年。
學歷：大學畢業加一年，有碩士學位者加二年。
工作：六十五歲以後仍在工作加三年。
配偶：有配偶或親友同居加五年，若無減一年。
自二十五歲起無人同居，則每十年減一年。

B、生活方式：

勞動：常坐辦公室缺乏運動減三年，用體力勞動工作加三年。
運動：每週五日每日至少劇烈運動每次三十分鐘加四年，每週二或三次加二年。
睡眠：超過十小時減四年。
情緒：緊張易怒減三年，隨和輕鬆加三年，達觀快樂加一年，不樂觀減二年，去年駕車超速被罰減一年。
嗜好：每日吸煙兩包以上減八年，每日一至二包減六年，每日半包至一包減三年。每日飲酒一又二分之一兩減一年。
體重：超標準五十磅以上減八年，超三十至五十磅減四年，超十至三十磅減二年。
體檢：男每年一次加二年，女每年婦產科檢查一次加二年。

C、年齡調整：

在三十至四十歲之間加二年，四十至五十歲之間加三年，五十至七十歲之間加四年，超過七十歲以上加五年。

另外一種預測壽命的方法亦可供參考：

血壓：休息時舒張壓若在一三〇MM以上，每超過一〇MM減半年，保持一〇五～一二MM者加一年。

膽固醇：二〇〇－二五〇MG減一年，二五一－三〇〇減二年，三〇一－四〇〇減四年，四〇一以上減六年，保持一二五－一七五加二年。

體重：每超重五磅減一年。

腰圍：每超胸圍一吋減二年。

飲食：不吃早餐或不定時進餐減一年，飲食平衡（脂肪低、蛋白質合度、蔬菜豐富）加二年。

上述預測壽命的項目有幾點值得重視：㈠遺傳因素頗爲重要，因爲有許多疾病及體質有遺傳後代的傾向。㈡居住環境城市不及鄉村，鄉村空氣清新；以目前情況而言，郊區較爲理想。㈢六十五歲退休之後，如果仍有機會工作，可多活三年，如找不到工作，則應以勞動或運動代替，以延遲身體機能的老化。㈣運動要有恒，不可間斷，睡眠要適度，不可太多。㈤情緒要輕鬆，態度要達觀。㈥香煙爲害甚大，最好戒絕，酒亦不宜多飲。㈦嚴格控制體重，肥胖的人易生疾病。

四、身體年齡與實際年齡

此外，身體年齡與實際年齡常有差異，常聽人說，你看起來不像已到退休的年齡（六十五歲），好像只有五十多歲。要是你的身體年齡超過了實際年齡，表示你的健康情形不佳。下面的二張表可供自我檢查。（參見「永保健康」第五期）

身體年齡比實際年齡年輕項目表

血壓低於一三〇／七五，年輕二歲。血液中膽固醇值低於一八〇，年輕一歲。體型匀稱，不胖不瘦，年輕一歲，沒有慢性病史，年輕二歲。沒有哮喘等呼吸系統的疾病，年輕一歲。安靜狀態下脈搏每分鐘在六十次以下，年輕一歲。視力良好，年輕一歲。

身體年齡比實際年齡老化項目表

血壓超過一四〇／九〇，老化二歲。過於肥胖，老化三歲。血液中膽固醇值高於二五〇，老化一歲。每天吸煙十支以上，老化一歲。每天飲烈性酒二杯以上，老化二歲。運動時體力消耗大，且很難恢復，老化一歲。貧血，老化一歲半。機體免疫功能差，老化一歲。便秘，老化一歲。容易產生疲勞，老化一歲。安靜狀態下，脈搏每分鐘在八十次以上，老化一歲半。記憶力衰退，老化一歲。老化眼難於看清眼前的東西，老化一歲半。性功能衰退，老化半歲。

五、謹防意外死亡

近年來，意外死亡人數急遽增加，意外死亡升爲十大死亡原因之一。意外死亡除自殺、天災、火災外，以車禍死亡人數最多，而車禍原因則以開快車爲最多。車禍死亡最不值得，完全出於人爲，應該注意而不注意，害人害己，不可原恕。

早在三千年前，老子即曾說過：「人出世爲生，入地爲死。人出生後能享長壽的，佔十分之三；短命夭折的，佔十分之三；本來可享長壽而自己走向死亡地的，也佔十分之三。原因何在？就是過份優待自己享受太多所致。……善於養生的人，絕不會誤入死地。」（原文參見老子第五十章）。老子時代的生活環境不如今日之複雜，長壽的只有十分之三，短命的卻高達十分之三，而誤入死地的相當於今日的意外死亡，也高達十分之三。當然不是車禍，可能是指戰爭與癘疫，以及不善於養生之人。

不老的祕訣（摘要）

——人生可以「青春常駐」、「永遠不老」

梅可望作

一、四種年齡

「老」是可以避免的，或者說，人在死亡以前是可以保持不老的！這裡所說的「老」是指生理、心理與工作狀態，不是日曆上的歲月。人的年齡至少應該從四方面考量：

日曆年齡：只要根據出生年月日就可以掌握，對於一個人的權利義務，根據日曆年齡來劃分，可以絲毫不爽。

生理年齡：人們由於營養、運動、飲食習慣、保健情況、醫藥水準不同，年輕的人可能有壯年或老年的生理年齡，這就是所謂的「未老先衰」；反之，年長的人可能有青壯年的生理年齡，這就是所謂的「老當益壯」。醫學愈進步，生理年齡就愈正確。

心理年齡：心理年齡也可能解釋爲「精神年齡」，即一個人的心理或精神狀態是否與他的日曆或生理年齡相當。例如英國當代著名的天文學家哈金博士（Dr. Hawkin），發現「黑洞」，著作等身。他卻是一位重度殘障，既不能走路，也不會講話，醫學界視爲奇蹟。

工作年齡：年齡超過六十五歲的人，生理不健全的人，以及有智障或心理不健全的人，依現行公教人員規定，必須強迫退休，而不重視工作年齡，這是很不合理的。

二、不老的指標——健康

不老秘訣之一——飲食的節制

健康的確保和老化的防止，節制飲食是最起碼的要求：

1. 要吃得平衡，也就是不可以偏食。
2. 不要暴飲暴食，也就是一次不可吃喝得太多太猛。
3. 要吃得乾淨，也就是不要吃不乾淨的食物。
4. 給胃腸休息的機會。
5. 營養品和補品不可以亂吃，須選定的確有益的一、二種，經常服用。
6. 戒煙少飲酒。
7. 高度刺激性食物要特別節制。

不老秘訣之二—適當的運動

不老的基本健康守則是：

1. 及早選擇適合自己的運動項目。

2. 要經常做、天天做，最好能在一定的時間做，例如清晨或黃昏。

3. 要與自己的身體狀況相配合，不要去做自己體力不能負擔的運動。年長者宜做較爲輕鬆的運動，如柔軟操、太極拳、步行等。

本書著者經過長時間的自我檢討和研究後，提出了「健康十訣」：⑴立如松；⑵坐如鐘；⑶行如風；⑷臥如弓；⑸營養豐；⑹運動充；⑺精神蓬；⑻情緒鬆；⑼煙酒空；⑽大便通。其中⑴至⑷是可以促進健康的正確姿勢，也是運動的起碼要求，特別重要。玆分述如下：

⑴立如松：站立時必須挺直脊椎骨和頸根，從頭到腳，筆直像一棵松樹。

⑵坐如鐘：坐姿要端正，腰幹要挺直，臀部要坐穩，腳掌要放平；不可東倒西歪，前傾後仰，曲成一團，或側臥在座椅上。要穩坐有如廟裏的大鐘，自然全身舒坦，百病不侵。

⑶行如風：走路時應快一點，才會對健康有益。例如一分鐘走一百步以上，每天步行半小時，約三公里。

⑷臥如弓：側臥是最好的基本睡姿。睡時盡量放鬆頸部與四肢，雙手不宜壓住胸部，雙腿不

宜相互擠壓，以免妨礙呼吸和血脈流通。床鋪不可太軟，也不宜太硬。

此外，著者根據他行之有效的經驗，主張打太極拳和練床上健身操。

不老秘訣之三—情慾的調適

情是情緒，慾是慾望。人是感情的動物，七情六慾，聖人都無法避免。前述之「精神蓬」、「情緒鬆」，就是情緒問題。能「蓬勃」又能「輕鬆」的情緒，兩者平衡，恰如其份，健康就有保障。情慾有些是與生俱來的，即個性的一部分；有些則來自外來的刺激。一般言之，情是「刺激」與「反應」，慾則多出自本性。

情緒是很有爆發性、爆炸性、衝動性和殺傷性的，沒有調適與控制經驗的人，很容易因情緒失調，造成身體有形或無形的傷害，重者使生命死亡，如自殺和心臟病突發；輕者也可使血壓增高。所以控制與調節情緒，成爲維護健康重要的一環。

依中國的傳統說法，並參考現代的理論，所謂「七情」應可包括喜、怒、哀、樂、愛、惡、鬱。而「六慾」則包括：名、利、財、色、貪、鬥。

「七情」的調適和掌控

⑴喜：喜是歡喜、喜悅。喜是正面的情緒，調控得當足以增進健康，防止衰老；如果失控，則會產生負面，甚至嚴重的後果，例如「喜極若狂」。

喜悅是很重要的，據醫學界的研究，喜悅可以促進內分泌和放鬆情緒，增加活力。日本醫學界稱此腦中分泌物爲「腦內嗎啡」。我國民間常有所謂「沖喜」的事，認爲家有喜事可以提升活力，醫治病痛。

掌控喜悅的情緒，有賴於對事物的分析。「平常心」很重要，即使中了特獎，也要泰然處之，不可太激動，否則喜劇可能變成悲劇。

⑵怒：怒就是憤怒，生氣。怒是反面的情緒，如果調控不當，其後果甚爲嚴重，可以「氣死人」。很多人由於「狂怒」而血管破裂、半身不遂，甚至死亡。常常生氣的人，往往是高血壓和胃潰瘍的患者。醫學界發現：將怒氣或不平之氣鬱積在內心，而不能或不願發洩的人，最容易得癌症。發怒和生氣是健康的大敵，必須加以疏導和掌控。

掌控怒氣之道，根本上在於「包容心」和「寬恕心」的培養，應付之道，不是立即「怒髮衝冠」或「悶在心裏」，而是平心靜氣去分析，如果責在對方，在可能範圍內要寬恕他（她），俗語云：「忍得一時之氣，免得百日之憂」。「退一步海闊天空」是掌控怒氣的基本態度。能夠忍人之所不能忍，遇大挫折和大不平而能「泰然處之」，才是人上之人，能成大事的人，也是可以不老之人。

⑶哀：悲哀和傷痛是人生遭遇不幸後極自然的情緒反應。極度的悲哀和長期的傷痛都是健康的大敵。俗語云：「一慟而絕」、「茶飯不思」，可見其對健康的嚴重影響。古人的經驗法則是勸人要「節哀順變」。

⑷樂：樂就是快樂，就是以歡欣的心境面對世界，放開胸懷，接納萬事萬物。樂的來源主要是自己的心願得到滿足，當躊躇志滿時，自然會「樂不可支」了。快樂會使我們輕鬆，解除神經緊張，排斥或抗拒心理上的壓力，是促進健康、享受人生的不二法門。古今中外的思想家都把快樂的追求，作爲人生重要目標之一。

快樂從程度上可以分爲狂樂、大樂、喜樂、小樂、微樂等，從感受器官可分爲口腹之樂、感官之樂、內心之樂與精神之樂等。快樂情緒不可「狂」和「沈溺」。「通宵狂歡」、「沈溺於逸樂」，都是健康的大敵。所以快樂的情緒應該自行節制，適可而止。

快樂的更高層次尚有孔子所說的：「學而時習之，不亦悅乎！有朋自遠方來，不亦樂乎！」及「君子有三樂，而王天下不與存焉。父母健在，兄弟無故，一樂也。仰不愧於天，俯不怍於人，二樂也。得天下英才而教之，三樂也。」包括了道德的追求、工作的價值觀，以及學習的樂趣等。

快樂的情緒可以從多方面獲得：學習、工作、交友、助人、孝順、吃飯睡覺、吟詩作畫、遊山玩水等。只要調適有方，從任何人、事、物都可以求得快樂，甚至還可「苦中作樂」。但快樂也須適可而止，極端的狂樂，則是健康之敵，不老之害。

以上四種情緒喜、怒、哀、樂，要使能合乎健康之道，只要把握孔子所講下面的一段話就行了：「喜怒哀樂之未發，謂之中；發而皆中節謂之和。中也者，天下之大本也；和也者，天下之達道也。致中和，天地位焉，萬物育焉。」

(5)愛：愛是一切宗教的本體，也是一切善行的根基。「愛」在儒家思想中叫做「仁」。「愛」是一種極高貴的情緒，也是所有美好行爲的原動力。耶穌說要「愛人如己」，孔子說「泛愛衆而親仁」，墨子說要兼愛，「摩頂放踵，利天下而爲之。」所以愛的對象不怕多，愛的範圍不怕大，愛的程度不怕深。但是不要「溺愛」與「偏愛」，愛之爲用，應該遵守「致中和」之道。

(6)惡：惡就是恨、怨恨的意思。惡是愛的反面，惡到極點就是恨。就個人修養而言，過度或極端的厭惡與怨恨，對自己的健康是有害的。因此，惡、恨的情緒必須從疏導著手。俗語云：「忍得一時之氣，免得百日之憂」，這是掌控「惡恨情緒」維護健康的最佳方法。

(7)鬱：就是憂鬱(Stress Worry)，落落寡歡，無精打采，事事提不起興趣，對人生失去希望。愈開發的國家，個人所受壓力越大，因此產生憂鬱的情緒。憂鬱可以致病，甚至致命。一般的精神病患，十之八九是從憂鬱症患者而來。各國近年對憂鬱症的研究治療特別重視，其入手處不外心理的疏導與治療，例如使用鎮靜劑、與醫師協談、心理分析、群體治療（Group Therapy）等。使患者恢復自信心、參與感和活動力，使能抵抗外來的壓力，過愉悅的生活，做正常的工作。

喜、怒、哀、樂、愛、惡、鬱是現代人的七種必須節制及妥善控制的情緒，以掌握自己的健康，主導自己的命運，邁向不老的樂園！

「六慾」的調適和掌控

現代人重要的慾望可歸納爲六種：名、利、財、色、貪、鬥。這六大慾望如果不加掌控，對健康都可能產生重大的傷害。

⑴名：名就是功名、官位、權勢、或知名度的通稱。「三代以下唯恐不好名」，名的追求不是出自天性，而是環境影響的產物。有「名」的人，其名愈大，所獲得社會的重視、尊敬與報酬也愈高愈大。很多人爲了求名不惜犧牲一切。名並非絕不可求，應依自己的條件予以限制：①不可好高鶩遠，必須實事求是；②要從自己努力開始；③不可求虛名。求名不可急功近利，更不可自私自利，要「求名須求萬世名」，以利他、利群爲目的。

⑵利：利就是利益，即對自己「有利」的事物。可分爲有形的和無形的兩大類；前者如金錢、貴重物品等；後者如特權、保障、方便之門等。利與名相同，不可一己爲私，而妨害公益。

⑶財：「金錢萬惡」固然是名言，但「金錢萬能」也是事實，對於「財」的慾望，應本「取之有道，用之有道」的原則，不妄取，不妄用，不貪戀，不以財害人爲原則，如果對錢財的慾望不能管制約束，必有害健康，甚至生命都會受到威脅。

⑷色：色字頭上一把刀，是先人對我們的警語。而色是人性的一部分，孟子說「食、色性也」，孔子也說「吾未見好德如好色者也。」可見色是不可避免的。性雖是天生的人類慾望，若不加節制，必然闖禍，如能疏導節制，也可有益健康。我們要求永遠不老，用心去駕馭性欲是重要的學問和修養。

⑸貪：貪是人類另一種不正常的慾望。人們一旦具有貪念，自己不加約束，遲早都會弄得身敗名裂。因此「戒之在貪」，成爲名訓名言，當我們看到美人、醇酒、金銀珠寶，應先仔細考慮再作取捨。

⑹鬥：孔子說過，人在壯年時，血氣方剛，戒之在鬥。此處所說的鬥爲打鬥，雖然不宜，爲害較小。如果凡事都要和別人爭奇鬥勝，鬥個高下，乃至鬥個死活，不鬥倒對方，絕不罷休！此種爭強好勝，不顧一切，一心以鬥垮對方爲能事的慾念，是社會的大災害。

以上所說的六種慾念：名、利、財、色、貪、鬥，是擾亂人類情緒的大敵，也是健康的大敵。凡是沉溺於名、利、財、色、貪、鬥的人，一定是不快樂的，不健康的。

總之，人們的七情（喜、怒、哀、樂、愛、惡、鬱）和六慾（名、利、財、色、貪、鬥），必須善為調節，妥為掌控，使能在正當的、無損健康的範圍內運作，才是走向健康不老的最佳途徑。

不老秘訣之四——休息與工作平衡

適當的休息——休息大致可分為睡眠和休假兩類：

*1.*睡眠：一天之內究竟應該睡眠幾小時，才能完全恢復一天工作或活動的疲勞？應按下列各項原則考慮：

年齡的差異：每天的睡眠時間因年齡而異：青少年睡十小時很正常。七十歲以後，每天晚上睡六小時已足，體力較弱者，白天可「打盹」補睡。

疲勞的程度：白天工作過於疲勞後，晚上可睡較長的時間，醫學界謂之「睡眠的補償」，較長、較熟的睡眠是恢復疲勞的最佳方法。但也有例外，用腦過度，反而不易入睡。

環境的影響：安靜的環境有利睡眠，吵鬧、過冷、過熱、被褥的厚薄、床的軟硬，都會影響睡眠。

飲食的干擾：晚飯吃得太飽、太雜，會影響睡眠。

情緒的困擾：情緒不安定，往往影響睡眠，許多人為「情」或「財」失眠，也有人為生活或工作困難而失眠。

對銀髮族而言，每天午餐之後午睡一小時左右，可恢復精神消除疲勞，醫學界已經證明午睡習慣對健康有益無害。

2.休假：有週末休假和年度休假，應予妥善安排休閒活動，以達到充電和健身的效果。每天工作以外的休閒，也應安排休息機會，如小睡、散步、看電視、聽音樂等，也很有益健康。適當的忙碌—休息的反面就是忙碌的工作或活動。銀髮族多已退休，應該妥善安排生活，做自己喜歡的事，才不會無所事事，感覺無聊。

總之，我們一定要掌握健康不老的秘訣：「飲食的節制」、「運動的適當」、「情慾的調適」、「工作與休息的平衡」，才能天天舒舒服服、快快樂樂工作和生活下去，才會享受健康不老的人生。

三、不老的基本修養

前面所述不老的四大秘訣：節制飲食、適當運動、情慾調適和休息與工作平衡，能否切實做到，並不很容易，必須具有內心的修養功夫，才能堅持到底，此即與人生觀有關。正確的不老人生觀，應該具有下列的內涵：

1.決心做一個受人尊敬的人。

2.決心做一個形象光明的人。

3. 決心做一個健康良好的人。

4. 決心做一個情緒與慾願有節制的人。

「不老的人生觀」是要養成樂觀、開朗、積極、進取的情緒；健康、正常、不放縱的情慾和自重、自愛、愛人、愛衆的道德情操。

不老的處世態度

人生觀的建立是個人對本身言行思想的約制，處世態度則是對外來刺激反應的約制，兩者息息相關，不老的處世態度，下列四項最爲重要：

1. 要堅持正義感：不埋沒良心與良知，不做僞善者，也不做鄉愿。站得正，立得直，面對這個紛擾的世界，理直氣壯地生活下去。這是抗病驅老的處世良方。因爲當我們問心無愧時，我們的情緒是安定的，內心是平靜的，私慾自然收斂而被袪除了。

2. 要有充足的愛心：要以寬大的胸襟接納我們面對的時代、社會與人群，要設法去愛他們，愛就是服務，愛就是犧牲自己照亮別人，愛就是原諒別人的錯誤。拿充分的愛心去面對外來的刺激，自然內心澄澈，毫無芥蒂；可以化暴戾爲祥和，化干戈爲玉帛，化敵爲友，人人都會變成朋友，其樂無窮。

3. 要有積極進取的行動，不固步自封；以寬闊的襟懷，主動參與社會服務，奉獻心力，不計報酬，樂於做「義工」或「志工」，凡事求其心安，求其毋負於人。能如此則海闊天空、神清氣爽、持盈保泰、青春永駐了。

4.要樂天知命、不忮不求：不汲汲於名利財貨，凡事退一步想，寧願自己刻苦、自制，絕不作非份之想。安份守己，勉力作社會的楷模。時時心懷喜樂和感恩，有此處世態度，其不享不老之樂者未之有也。

不老的人生觀和不老的處世態度，是保持生理與心理健康的根源。簡言之，是要使我們身體純潔化，也使我們的心理和精神純潔化。上列八項修爲，只要我們用心用力去實踐、保持，就是進入不老境界的不二法門。

四、死前不老謂之神——結論

孔子說：「老而不死是爲賊」，一個人老而無用，要靠子孫和社會撫養，成爲社會的負擔，形成社會的大難題，假如一個人在臨終以前，雖是高齡，依舊能保持身心健康，可以爲社會做一份工作（包括義工、志工），不需子女和政府的撫養，則高齡社會的問題便可輕易解決。死亡以前不老，對大多數人來說，是行得通的。

總之，人生不老是可以做得到的，只要依照上面所提供的秘訣，貫澈實行，應該人人都有不老的可能，請大家一齊來實踐吧。

附註：本文摘自《老人生涯規劃手册》（中華民國幸福家庭促進協會發行，民國八十八年五月初版二刷）第一篇，作者梅可望博士，曾任東海大學校長，現年八十三歲（民國七年生），仍然身心健康工作不輟。以他高深的學識、豐富的經驗，撰成本書，極有參考價值。

健康是人生的至寶

——我的養生之道

李焕明

人生最重要的是健康，健康是一切美好願望實現的前提條件。由於我在青年時期體弱多病，成年後對健康的重要性更有切身的體驗與覺醒，乃特別重視修養與鍛鍊。

我的養生之道可概括爲下列各項：節制飲食、適當運動、調適情緒、作息均衡、藝文陶冶、愛好園藝、廣交老友及樂天知命等，兹分述如下：

一、節制飲食：我服務公職三十餘年，由於公務繁忙，疏忽養生，以致染患慢性胃潰瘍，平日必須節制飲食。我的飲食力求平衡，內容包括米麵、魚肉、蔬菜、水果等。食物力求乾淨衛生，避免偏食及暴飲暴食。有時服用多種維生素，以補營養不足。共飲能量茶，以增強體力。

爲維持一天的精力，早餐要吃得好。我的早餐多爲麵食加雞蛋，或土司麵包配肉鬆、牛乳。中餐要吃得飽（八分飽），我的中餐爲米飯、魚肉、蔬菜。晚餐要吃得少，我的晚餐只吃七分飽。三餐之後均略吃水果，如香蕉、橘子、柚子、木瓜等。

此外，在午、晚餐後，我小飲葡萄酒半杯，以助消化。至於香菸，青年時曾經抽過，但五十年前已經戒絕。

由於我患有輕度高血壓症，平日飲食方面注意少鹽、少吃刺激性食物、及高膽固醇食物。

二、適當運動：回憶我鍛鍊身體的經過，主要是堅持登山與練瑜伽二項運動，均有三十多年的經驗，獲益甚大。

三十多年前，我和內人參加楊森將軍領導的中華健行登山會，每逢星期例假日，都舉辦集體登山活動，風雨無阻。上午八點在預定地點集合，數百人同時出發，到達目的地後，中午在山上吃午飯，然後休息聊天下山，直至薄暮始搭公車回家，沐浴休息，這時身心都感到輕鬆愉快。在十年中我們的足跡踏遍了台北的郊山。楊森將軍逝世後，我們改變登山方式，由每次不同地點的流動式改為定點的固定式。每逢星期例假日，邀約三、五知己朋友，以楊森命名的拇指山九五峰為固定目標，到達後在樹蔭下休息，一邊欣賞風景，一邊喝茶聊天，其樂無窮。以後又在拇指山腰找到一處荒地，我們從事開山工作，三年後略具規模，取名為「瑜伽樂園」。不久後與多多登山隊合作，建成多多山舍及羽毛球場。每逢星期假日的中午，隊員數十人在山舍中聚餐，歡聲遍野，其樂融融。直至民國八十五年四月廿二日山舍被焚，多多登山隊解散。但我們仍不灰心，照常每週二次前往登山。在原地搭蓋雨棚，並遍植花樹、香蕉等。民國八十六年九月間，黃金生等人介紹加入後，樂園大事開發，繁花似錦，煥然改觀，現已成為休閒最佳勝地。

民國六十九年我自公職退休後，改為每週登山二次。三十年來，迄今總計登山二千四百餘次，獲益甚大。

我的第二項運動是練瑜伽術。民國五十九年，國大代表華淑君女士開始在台大校園教授瑜伽術，參加的人頗為踴躍，我也申請參加，除星期例假日登山外，每天早上均集合練習一至二小時，練完後，四肢柔軟，全身舒暢，心情愉快。華老師於三年前九十高齡逝世後，我們改為自由練習。

最近三十年來，我堅持以上兩項運動，獲益良多。我早年所患宿疾高血壓、胃潰瘍、腰酸背痛等毛病，均不藥而癒，面色紅潤，飯量增加，很少生病。

我的第三項運動是步行。步行是適合各年齡層的最佳運動，對於養生保健可以產生五大效益：防治疾病、增進健康、和暢情志、啓迪智慧和抗老益壽。自一九六〇以來，美、德、法、英各國，步行運動已成為一種風氣。

我往年在台大練習瑜伽術時，即同時注意步行。三年前大安森林公園開闢後，因距離我家較近，我便改在大安公園散步。除登山日外，一週中有五天的清晨步行。我一邊快步行走，同時做拍手功，配合呼吸，覺得頭腦清新，心情愉快。每天早晨散步一小時，約五千步，風雨無阻。

三、調適情緒：我國的傳統醫學將人類的情緒分為喜、怒、憂、思、悲、恐、驚，稱為「七情」，或簡化為怒、喜、思、憂、恐，稱為「五志」。五志與人體的五臟有密切的關係，即怒傷肝、喜傷心、思傷脾、憂傷肺、恐傷腎。古人認為調攝情緒才可健康長壽。《素問·上古天眞論》云：「志閑而少欲，心安而不懼，形勞而不倦，氣從以順，各從其欲，皆得所願，所以能皆度百歲，而動作不衰。」又云：「外不勞形於事，內無思想之患，以恬愉爲務，以自得爲功，形體不敝，精神不散，亦可以百歲。」

我們如能妥爲調攝情緒，便可做到：「恬淡虛無，眞氣從之，精神內守，病安從來？」可見人生之健康長壽，關鍵在於外避虛邪賊風，內調七情六慾，保持愉悅安靜的情緒。唐代孫思邈有詩云：「世人欲識衛生道，喜樂有常嗔怒少，心誠意正思慮清，順理修身去煩惱。」實含至理。

近年來西方學者倡言EQ(Emotianal Intelligence)，即「情緒智商」或情緒管理，其所指情緒爲憤怒、悲傷、恐懼、快樂、愛戀、驚訝、厭惡、和羞恥八種，前四種稱爲基本情緒。爲了減輕壓力與焦慮，最好設法放鬆，調節情緒。放鬆的方式甚多，例如運動、旅遊、藝文、音樂等，可由各人選擇進行，以強化正面情緒，減少負面情緒。

本人對於自我情緒管理方面甚爲重視，平日儘量控制不良情緒的發作，力求心情愉快，達到情緒平衡。尤其著重偶發事件的心理反應。例如一九九九年三月一日愛妻病故，對我的打擊最大，當時悲傷逾恆，觸景傷情，後來多方調適，得渡難關。此種生離死別的情緒，倘不能疏解，必然陷於悲痛的深淵而不能自拔。

四、作息均衡：人體並非機器，不可長期活動而不休息，人體不能過度疲勞，也不可過度懶散。適當的忙碌（活動）與適當的休息，才是保持健康的要訣。

我自二十年前由公職退休之後，為安排退休生活不致太閒，一方面增加登山活動，每週由一次增加為二次，一方面從事業餘學術研究，除參加孔孟學會外，並參加易經學會，從事易經學術研究，先後出版兩本易學著作，即《易經的生命哲學》（民國八十一年文津出版社）和《比較易學論衡》（民國八十四年文史哲出版社）。

自民國八十二年二月起，我與友人發起創立「樂群養生聯誼會」，我被推選為會長，會員三百餘人，每三個月召開養生研討大會一次，迄今已舉行三十三次。編印《養生資訊》三十三輯，出版養生論著兩本（《向一百二十歲挑戰》及《我們超過二千歲》，元氣齋出版社）。

此外，睡眠也是養生的重要項目，人的一生有三分之一的時間要在床上度過。每天睡眠時間一般人最好為六至八小時，視年齡和習慣而異。床鋪不可太軟，年長者以睡木板床為宜，睡姿以「臥如弓」為最適當。我喜歡睡硬板床，每夜睡七小時左右，中午午睡約一小時。

五、藝文陶冶：從事藝文創作與欣賞，可以修養精神，陶冶性靈。我對於藝術方面最喜歡書法，它是中國的特有藝術。我從高中開始即與書法結了不解之緣，六十多年以來，每於閒暇時，欣賞歷代篆、隸、正、行、草名家碑帖，並練習行書和草書，尤喜清代王鐸、傅山的行草及當代于右任的標準草書。我的書法作品偶而參加展覽及經常贈送友人。

我對於詩詞頗有興趣，經常誦讀古人詩詞名作，藉以遣懷解悶。偶而興緻好時，也從事創作，歷年所作，編為《一漚齋詩存》，聊以自娛。又曾編印《每日一首養生詩選》，贈與友人共賞。

六、愛好園藝：花卉是上帝的傑作，人類的恩物，可以陶冶性情、美化環境。一般人只知賞花是樂事，殊不知種花更是樂事中的雅事。賞花的人只看到花的形態、色彩的美，及聞到花的香味，而種花的人則除了欣賞花的色、香、形外，尚可從種花的過程中體會培植生命的快樂。如前所述，我在所開墾的瑜伽樂園中遍植花樹五十餘種。每逢百花盛開時，飽賞艷麗景色，心曠神怡，頗爲難得。

七、廣交老友：我的個性屬於內向型，本來不善於交友。自公職退休後，參加幾個學術團體活動，認識的人愈來愈多，八年前自組養生聯誼會後，與數百會員經常接觸，相與研究養生之道，友情益厚，獲益極大。我爲倡導廣結知交，曾於一九九九年秋編印《友情詩文選》一書，贈送友人參閱，內容包含交友之道文選九篇、詩選四十首、交友格言一百條及友情歌曲三首。

八、樂天知命：這便涉及人生觀了，樂觀的人生是以歡欣的心境面對世界，放開胸懷，笑口常開。樂天知命，不忮不求，安份守己，刻苦自制，仰不愧於天，俯不怍於地，這才是快樂的人生觀，我雖不能至，心嚮往之。

我的生活平淡，作息有時，飲食有節，平日不吸菸，不酗酒，不嫖不賭，無不良嗜好，身體不胖不瘦，迄今爲止，除小病外，從未因病住院，更未因病開刀。我抱著樂天知命，平安是福的態度，居然活到古稀之年，亦云幸矣。

以上八點就是我的養生之道，卑之無甚高論，只供自己參閱，不敢示人。茲應友人索稿，聊以充數，敬希閱者不吝指教爲幸。

——千禧年十月七日李煥明作於一漚齋，時年八十三。